大学受験
TERIOS

Reading Comprehension for University Entrance Exams - Basic

イチから鍛える英語長文 Basic

CD 別冊トレーニングブック

内川貴司
秀英予備校

武藤一也
東進ハイスクール

Gakken

CONTENTS 【目次】

本書を使った勉強の仕方 ･････････････････････････ 4
長文読解力を鍛える10の鉄則 ･･･････････････････ 8

DAY 1
紙の発明と発展
出題校：栃木県（高校入試）　語数：253語　難易度：♛♕♕♕♕

問題 15　解答 80

DAY 2
ランナー金栗四三
出題校：長野県（高校入試）　語数：344語　難易度：♛♕♕♕♕

問題 19　解答 86

DAY 3
農業に対する意識の高まり
出題校：愛知県（高校入試）　語数：313語　難易度：♛♕♕♕♕

問題 23　解答 90

DAY 4
風車を作った少年
出題校：宮崎県（高校入試）　語数：379語　難易度：♛♛♕♕♕

問題 27　解答 94

DAY 5
光害の影響と対策
出題校：東京都（高校入試）　語数：322語　難易度：♛♛♕♕♕

問題 31　解答 99

DAY 6
笑うと手をたたくのはなぜ？
出題校：オリジナル英文　語数：236語　難易度：♛♛♕♕♕

問題 35　解答 104

DAY 7
宇宙ゴミ
出題校：オリジナル英文　語数：272語　難易度：♛♛♕♕♕

問題 39　解答 109

DAY 8
飢餓の原因
出題校：オリジナル英文　語数：267語　難易度：♛♛♕♕♕

問題 43　解答 113

DAY 9
聞き上手
出題校：オリジナル英文　語数：257語　難易度：♛♛♕♕♕

問題 47　解答 118

DAY 10
上を見上げて考える習慣
出題校：オリジナル英文　語数：287語　難易度：♛♛♕♕♕

問題 51　解答 122

DAY 11
犬と猫の学習の違い
出題校：愛知学院大学　語数：302語　難易度：♛♛♕♕♕

問題 55　解答 127

DAY 12
市場調査
出題校：産業能率大学　語数：362語　難易度：♛♛♛♕♕

問題 59　解答 132

DAY 13
レアアース
出題校：岡山理科大学　語数：311語　難易度：♛♛♕♕♕

問題 65　解答 138

DAY 14
クモの巣の特徴と役割
出題校：大阪産業大学　語数：286語　難易度：♛♛♕♕♕

問題 69　解答 143

DAY 15
肉食が環境に与える影響
出題校：近畿大学　語数：361語　難易度：♛♛♛♕♕

問題 73　解答 148

掲載英文の出典一覧 ……………………………… 79
別冊「トレーニングブック」

HOW TO USE IT 【本書を使った勉強の仕方】

読解力鍛錬のカギは良問の"演習"と"反復"!

長文問題集は「一度解いて終わりにしない」ことがたいせつです。できる人ほど同じ長文を何度も読んでいるのです。キーワードは「演習」と「反復」。ここでは本書を使った理想的な勉強の仕方を紹介します。実践すれば，かならず力がつきますよ。

演習 STEP❶ 解く ──まずは問題を解いてみよう！

　はじめに「Warming up」で語彙のチェック。語彙が足りないと判断した場合，別冊「トレーニングブック」の「語句」一覧に目を通したうえで解くことをおすすめします。語彙は長文を読解するうえでの"予備知識"と心得ましょう。

　つぎに英文を読んで問題を解きます。「設問レベル1」は主に入試定番の設問形式への解答力を養うパート，「設問レベル2」は主に長文の読解力を養うパートです。それぞれ「⏱時間制限アイコン」にある制限時間を意識しながら，実際に試験を受けるつもりで解いてみましょう。

　さいごに巻末の「正解＆解説」で答え合わせ。解答の根拠やあわせて覚えておきたいPOINTをていねいに解説してあるので，よく読みましょう。また，うまく訳すことのできなかった箇所は「読み下し訳」と「構文解説」でかならず確認するようにしましょう。

反復　STEP ❷ 聴く　——付属のCDで読み上げ音声をインプット！

　本書に付属しているCDには各長文をネイティブスピーカーが読み上げた音声データが収録されています。正しい発音や読み方をインプットするため，何度もくりかえし聴きましょう。スマートフォンやポータブルのオーディオプレーヤーに音声データを取り込めば，いつでもどこでも学習が可能です。

　なお，iPhoneやAndroidスマートフォンをご利用の方は「音声の話速変換（再生速度の調節）機能」がついたアプリを探して利用することもできます。音声の速さを調節したい場合は，ぜひ活用してみると良いでしょう。

　耳が慣れてきたら，つぎのステップ，「音読」へ移行します。

──別冊「トレーニングブック」でアウトプット！

　別冊「トレーニングブック」を活用して「音読」をします。「音読練習」のパートには，左ページに「音読用英文」，右ページに「大意」が掲載されています。CDの音声にあわせて読めるようになることを目標に，何度も音読の練習をしましょう。

　なお，「語句」のパートには，英文のなかに登場する，かならず覚えておきたい重要語をまとめて掲載しています。語彙は〝予備知識〟です。語彙があいまいだと，音読の効果も半減します。音読のまえに掲載語の意味をすべて言えるようにしましょう。

長文読解力を鍛える10の鉄則
The 10 Most Important Tips for Improving Your Reading Skill

長文問題の演習をはじめるまえに，意識してもらいたいことを10挙げます。この10の鉄則は，これから英語長文の読解力を鍛えていくうえでの基本方針となるものです。この基本方針がみなさんの「習慣」に変わるまでは，何度もここのページに戻って確認をしてください。

鉄則1　まず設問に着目，長文は緩急をつけて読む！

入試の長文問題にはかならず設問がついています。長文を読みはじめるまえに，まずは設問に目を通してください。ざっとでいいです。「どのパラグラフ（段落）で何が問われているか」「どのキーワード（テーマ）に着目して読み進めればいいか」を事前に把握するのが目的です。本文に下線や空欄があれば，その周辺はじっくりと入念に読む必要があります。**速読**と**精読**を使いわけ，**緩急をつけながら読んで**ください。

そして，**設問形式**に慣れてください。さまざまな形式の設問に対する場数をふむことで，**解答の手がかりの在り処**を予測しやすくなるからです。本書の「**設問レベル1**」は，主に**入試定番の設問形式への解答力**を養うことを目的に構成しています。「下線部和訳」「空所補充」「内容一致」「内容説明」「脱文挿入」など，入試で問われることの多い設問形式をできるかぎり採用したので，徹底的にトレーニングを積んでください。

鉄則2　読みながら要点整理，読解はマクロの視点を駆使する！

「長文を読みすすめていくうちに，はじめの方の内容を忘れてしまうのですが…」。みなさんも似たような状況に陥ったことはありませんか。じつはこの悩み，生徒からの相談で断トツの1位です。

このような状況に陥るケースの多くは，**きちんと要点を整理できていない**ことが原因です。これへの対処法は，「**読みながら簡単なメモを残していく**」こと。これしかありません。この悩みをもつ生徒に共通していることが一つあります。それは，「問題用紙が綺麗なまま」であることです。英文はどんどん書き込みを入れるものです！英文を読みながら，日本語でメモを残していきましょう。

一つのパラグラフを読み終えたら，**パラグラフの内容を一言でまとめてみる**とよいです。英語の論説文は，原則として，一つのパラグラフで一つの内容が述べられます。ですから，やみくもに一文一文を和

訳していくのではなく，「このパラグラフでは何が主張されているのだろう？」と意識しながら，段落全体を見渡して読むことがたいせつです。この「**マクロの視点**」の読解に慣れましょう。

本書の「設問レベル2」は，主に**長文の読解力**を養うことを目的に構成されています。「要約問題」に取り組むことで，要点を整理しながら読むトレーニングを積んでください。

鉄則3　速読力を磨く！

長文問題には大きく二つのパターンがあります。一つは，精密な構造把握が求められる「**精読型**」。もう一つは，迅速な要点把握が求められる「**速読型**」です。近年，出題が目立つのが後者の「**速読型**」の長文。試験時間内に膨大な量のテキストを読ませるのが特徴です。速読型の長文問題で安定して高得点をとるには，かぎられた時間内で多くの英文を読む（＝素早く内容を理解する）必要があります。

速読するためには，以下の二つを意識的に行うようにしてみましょう。

意識❶
わからない箇所がでてきても，
とりあえず読み進めてみる

意識❷
なるべく「返り読み」をせず，
左から右に「**読み下す**」

英文でわからない箇所に出くわすと，すごろくの「ふりだしに戻る」のように，つい長文の冒頭や段落のはじめに戻って読みなおす癖のある人がいます。そのような人は，❶の「とりあえず読み進めてみる」をとくに強く意識する必要があります。というのも，膨大なテキストの処理を求められる速読型の長文で「ふりだしに戻る」をしていると，設問を消化できなくなるおそれがあるからです。じつは理解できなかった英文のヒントや具体的な説明がその先に隠されている場合も少なくないのです。だから，とにかく前に進む！

❷の「返り読みせず，読み下す」も重要です。「返り読み」とは，一度文をピリオドまで読んだあとに折り返して後ろから訳していく読解法です。例えば，「I read a book.」を一度読んでから，I → a book → read という順番に訳していくことですが，これをしていると読むのにたいへん時間がかかります。左から右に「読み下す」ように訓練してください。本書では，「**正解＆解説**」に「**読み下し訳**」を載せています。これをヒントに，左から右に読み下していくトレーニングを積んでください。

鉄則7でくわしく説明しますが，速読力を鍛えるのに最も有効なトレーニングが「**同じ英文をくり返し読むこと（復習）**」です。付属のCDを聴き，音声をマネしながら音読を繰り返しましょう。別冊の最終ページに「**音読チェック欄**」を用意しています。音読をしたら，チェック欄に日付を記入するようにしてください。

鉄則4　SとVに着目しながら読む！

英文を読むときは，かならずSとVを意識して読みましょう。とくに分詞，関係詞，文の挿入など

が入り込み，英文が複雑になっている場合こそ，SとVをおさえることが理解の突破口になります。つぎの英文を見てください。

❶ Who the first fire user was is a secret lost to history.

この文は，"Who the first fire user was" が S，"is" が V です。このように SV を見抜くことができると，文を大きく誤読する可能性を回避しつつ，「誰がはじめに火を使ったかは，○○である」のように文の大枠の構造（骨格）をとらえることができるようになります。ちなみに❶の文は，"a secret" が C で，"lost to history" の部分が a secret を修飾しています。構造を図解してみましょう。

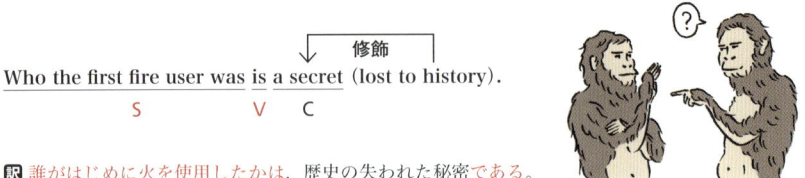

訳 誰がはじめに火を使用したかは，歴史の失われた秘密である。

SとVをおさえることで，大枠の構造をとらえることは出来ますが，設問に関わる部分はSVをおさえるだけでは不十分です。かならず文型を見抜くようにしましょう。つぎの英文の意味を考えてください。

❷ Americans often keep the political group that they like secret.

この英文は "Americans" が S，"keep" が V，"the political group that they like" が O（that they like の部分は関係詞節），secret が C です（ちなみに❶の例文では secret は名詞，❷の例文では secret は形容詞）。構造を図解してみましょう。

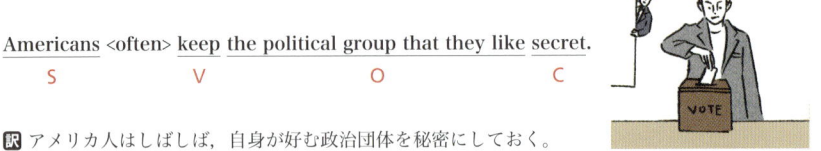

訳 アメリカ人はしばしば，自身が好む政治団体を秘密にしておく。

ここまでで英文を読むときの基本的な「構え」が理解できたでしょうか。英文は SV に着目し，鉄則3 で紹介した「読み下し」を駆使してざっくりと読み進める。そして，設問にからむ部分は文型をとりながらじっくりと読む。ぜひこの構えを習得しましょう。

鉄則5　語彙の習得と定着を常に意識する！

本書では長文問題を解く前段階に「語彙力をチェックする問題（Warming up）」を 10 問用意しています。Warming up の問題を 8 問以上正解できなかった場合，その長文を読解するのに必要な基本的語彙が不足していると認識してください。その際は，別冊「トレーニングブック」にある重要単語の

一覧（語句）を一度確認してから，問題を解くのも手でしょう。

さて，ここで「読解における語彙」について触れておきましょう。語彙は「予備知識」。読解のうえで欠かすことができない知識が単語です。基本的な語彙が不足していると，英文の理解度がガクッと下がり，読み進めることがきわめて困難になります。

> Q. つぎの英文を訳してみましょう。
> Every summer I visit the grave of my ancestors. In front of it I sometimes wonder what they would think of the society I live in today. They would be surprised to see how advanced it is.

grave と ancestor の意味が分からなければ，手も足も出ませんね。最初の文はもちろんのこと，第二文の "in front of it" の it は grave を指していますし，"what they would" の they は ancestors を指していますから，この二つの単語を知らないで英文を読み進めるのは事実上不可能です。

では，特別に grave の意味をお教えしましょう。grave は「お墓」です。grave が「お墓」だと知っていれば，ancestor の意味を想像しやすくなるのではないでしょうか。

> Q. ___ に入る言葉を推測してみましょう。
> 毎年，夏に私は私の ___ のお墓を訪ねる。

お墓ですから，当然すでに亡くなっている人でしょうね。my（私の）という代名詞の所有格がついていることも見逃してはいけません。どうでしょうか。「ご先祖」という言葉が浮かんできませんか。上の英文は「私は 先祖 のお墓を訪ねる」が正解です（全文の訳は「私は毎年夏に先祖のお墓を訪ねる。お墓の前で私は先祖が今日私の住む社会をどのように思うのかと時々考える。彼らは社会がどれほど進歩しているかが分かると驚くだろう」です）。このように，既知の情報（知っていること）をもとに未知の情報（知らないこと）を推測する能力が英文読解には求められます。みなさん，「クロスワードパズル」で遊んだことがありますよね。クロスワードパズルでは，難しい問題（カギ）は，すでに知っている情報（クロスしているカギを解いて得られた文字）をヒントに答えを導きだします。英文読解も同じです。語彙が増えることは，知らない単語を推測するヒントが増えることを意味するのです。

ついでに「語彙力の鍛え方」についてもイチからレクチャーしておきましょう。語彙力の強化は，つぎに挙げる二通りのやり方を実践するのがコツです。

STEP ❶
愛用の**単語帳**で語彙を覚える

STEP ❷
読解を通じて文脈に関連づけて語彙を覚える

まずは語彙の「量」を強化することが先決です。なぜなら，すでに述べた通り，語彙量がある程度な

ければ，まとまった英文を読むことは困難だからです。みなさん，「**単語帳**」は持っていますね。まずは単語帳のなかの「基本的な単語（難単語をのぞいた部分）」の領域を一周してください。意味の言えなかった単語にはチェックをしておきます。チェックをつけた単語をもう一周します。これを繰り返すことで，着実に語彙を増やしていきます。「基本的な単語」を覚えたら，「**量**」から「**質**」への転換です。これは「**読解**」を通じて行います。**単語を文脈に位置付けて訳せる**ようになってはじめて**語彙が定着した**といえるのです。たとえば，charge

のような多義語であれば，文脈によって語義を使い分ける必要もでてくるでしょう。useful を単語帳で「役立つ」とのみ覚えていた場合，読解を通じて「be useful for（〜に役立つ）」という**語法**に触れる機会を得られるでしょう。これが，語彙における「**質**」の強化です。

　ある程度読解をこなしたところで，英単語帳の「難単語」の領域の語彙もおさえておきたいです。読解を通じて未知の単語に出会うこともあるでしょうから，その語彙もあわせて覚えていきます。こうして，単語帳と読解とで**同時並行的に**語彙を**増強**するのです。

　さいごに，効率よく語彙を増やすテクニックにも触れておきます。それは，**接頭辞・語幹・接尾辞**という単語の構造に着目することです。接頭辞・語幹・接尾辞とは，漢字でいうところの「偏（へん）」や「旁（つくり）」や「冠（かんむり）」のようなものと思ってください。構造で単語をとらえるテクニックは二つの点で非常に有効です。❶未知の単語の意味を推測しやすくなる，❷（構造を意識して覚えた）単語の意味を忘れにくくなる。ちなみにですが，さきほどの ancestor は「an-（先に）＋ cest（行く）＋or（人）」と接頭語・語幹・接尾辞に分けて考えることができます。

鉄則6　頻出テーマの背景知識を武器にする！

　日本語で書かれた文章を読むとき，その文章がなじみのあるテーマについて書かれたものだとスラスラ読めるのに対し，なじみの薄いテーマだと思った以上に時間がかかってしまうことがありますよね。英語でも同じことが言えます。入試本番で，なじみのあるテーマから長文が出題されたとすれば，それだけ問題に取り組みやすくなります。

　大学受験の長文問題では，志望学部に特化したテーマが問われることはそれほど多くはありません。理系学部でも歴史的なテーマが，文系学部でも科学的なテーマが問われます。したがって，どんなテーマが問われても合格点を取ることができるくらいのブレのない読解力を身につけなくてはいけません。

　この問題集では，「**入試によく出る**」，「**これからも出題が予想される**」テーマやジャンルの長文を厳選しました。ですから，みなさんが本書の問題に取り組むうちに**自然と入試頻出の英文テーマに触れることができる**ように工夫されています。

　試験本番で「武器」となる背景知識をぜひ手に入れてください。

鉄則7　精読した英文は何度もくりかえし読む！

　読解力をつけるには，おびただしい数の長文を解く（読む）必要があると思っている人はいませんか。もちろん，ある程度の「量をこなす」ことも重要です。しかし，本質はそこではありません。「たくさん読むこと」よりも，「**しっかり読むこと**」，さらに「しっかり読んだ」ものを「**くりかえし読む**」ことがポイントなのです。まずは，つぎの流れを頭に入れてください。

STEP ❶	STEP ❷	STEP ❸
問題を解くために**通読**	長文を理解するために**精読**	速読力を鍛えるために**音読**

　STEP ❷ の「精読」は，STEP ❸ の「音読」に移行するまえにかならず済ませておく必要があります。というのも，精読を済ませていない英文を音読した場合，効果が激減するからです。精読とは，簡単に言えば，**訳せない文がない状態まで分析すること**です。未知の単語や文構造のあいまいな箇所が残らないように徹底的に読みこんでください。精読の際には，「正解＆解説」の「読み下し訳」を活用しましょう。また，文構造が複雑な箇所は「構文解説」で特集しているので参考にしてください。

　精読を終えたら，別冊「トレーニングブック」を活用して，STEP ❸ の「音読」に取り組みます。ただ漫然と読むのではなく，目的意識をもって読むといいです。「今回は語彙を意識しよう」とか，「同時に訳を頭に浮かべることを意識しよう」，「論理展開を意識しよう」といったふうにです。とくに難関大を目指す人は「論理展開（マクロの視点）を意識」した音読の回数を増やすことをおすすめします。

　音読を習慣化すると，確実に速読力が身についていくのを感じられると思います。ぜひ，「**精読のち音読**」を実践してください。

鉄則8　CDを最大限に活用する！

　何度もくりかえしますが，長文読解で大切なことは「復習」です。復習には「**精読のち音読**」が欠かせませんが，ただやみくもに音読するのはNGです。ここで，CDの出番です。

　音読の際は，かならずCDを聴いて音読をしてください。CDのマネをしながら音読をして，正しい英語の**発音・イントネーション・リズム**を脳に覚えさせます。

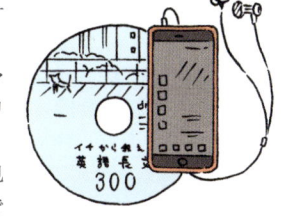

　音読の際は，別冊「トレーニングブック」の「音読用英文」を見ながら，スラスラ読めるようになるまでくり返してください。音読で大切なことは「**スラスラ読める英文を増やすこと**」です。大量に読むことではありません。完璧に読める英文をひとつひとつ増やしていくのが重要だと心得ましょう。

　最終的には**CDを聴いただけで英文の意味が浮かぶ**ようになれば，この問題集はクリアです。その状態になるまでCDを聴き，音読をくりかえすことで，**自然とリスニングも得意になっている**という嬉しいオマケもつくはずです。くどいようですが，最後にもう一度だけ言います。長文問題を解いたあとは，かならずCDを聴き，何度も音読しましょう。

鉄則9　空き時間を最大限に活用する！

　受験勉強は時間との戦いです。かぎられた時間を有効活用することで短期間での実力アップにつなが

ります。「机でする勉強」と、「外出しながらできる勉強」を区別しながら、効率よい学習をしましょう。

この問題集に関して言えば、「机でする勉強」は**問題を解く**ことです。一方で、解いた長文を**復習する**ことは「外出しながらできる勉強」です。復習は別冊「トレーニングブック」で行うのでしたね。本書では、みなさんが通学中や移動中などの外出時でも学習しやすいよう、復習パートをすべて別冊にまとめています。例えば、電車で通学している人は駅と駅のあいだで長文一つを一気に速読したり、単語や熟語を一気に確認したりするなど、目標を立てた復習をすると集中力が増し、効率のよい学習ができます。

また「CD」を活用(スマートフォンやポータブルのオーディオプレーヤーにインストールするのがおすすめ)し、音声を聴きながら英文を読んで内容を追ってみる。慣れてきたら、英文を見ずに耳だけを頼りに内容を追ってみる。これにより、速読力のほかにリスニングの基礎力も鍛えられます。こうして鍛えた英語力は、将来ビジネスや英会話にも活かせる「一生もの」の英語力になるはずです。

鉄則10 仕上げは受験校の過去問よりも長めの長文で特訓する!

問題をすべて解き、精読し、音読をくり返し、CDの音声を聴くだけで英文の意味が浮かぶようになれば、この問題集はクリアだと 鉄則8 で述べました。じつはもう一つだけ実践してもらいたいことがあります。それは「さらに長めの英文にチャレンジすること」です。

もしかすると、みなさんのなかには、志望校で出題されるレベルを意識して、この問題集を手にとった方がいるかもしれません。「受験校ではワード数の多い英文は出題されないから、そんなに長い長文の対策はしなくてもいいや」と思う方もいるでしょう。結論を言います。**受験校で出題される長文と同程度の長さの長文にしぼって学習を取り組むのはおすすめしません。**

マラソンの「高地トレーニング」のように考えてください。読み慣れた長さより長い英文に取り組み、自分に負荷をかけることで、「読解の基礎体力」をつけるのです。志望大学の一つの大問の長文は短いかもしれませんが、その大問が二つ、三つと続くのが入試本番です。でも、大丈夫です。入試本番よりも長い英文に慣れておけばいいのですから、恐れるに足りません。仕上げは『イチから鍛える英語長文300』をはじめとした、受験校の過去問よりも長めの英文にかならずチャレンジしてくださいね。

――それでは、いまから英語長文の学習をはじめます。

著者　内川貴司　武藤一也

DAY 1

出題校 **栃木県（高校入試）**
語数 **253語**
難易度 👑
正解&解説 **p. 80**

Warming up

次の語の正しい意味を選びましょう。 》重要語句リストは別 p. 33 参照。

(1) **develop**
① 〜を建設する　② 〜を開発する　③ 〜を引き起こす　④ 〜を解体する

(2) **rock**
① 砂　② 土　③ 岩　④ 丘

(3) **skin**
① 肩　② 皮　③ 髪　④ 膝

(4) **metal**
① 金属　② 痕跡　③ 鉄　④ 反射

(5) **actually**
① 後で　② 絶対に　③ さらに　④ 実際に

(6) **special**
① 特別な　② 大きな　③ 最新の　④ 簡単な

(7) **wallpaper**
① 再生紙　② 広告　③ 壁紙　④ 張り紙

(8) **company**
① 終了　② 田舎　③ 会社　④ 育児

(9) **useful**
① 使い古しの　② 役に立つ　③ 無駄な　④ 新しい

(10) **future**
① 将来　② 経験　③ 一般　④ 状態

Answers (1)-② (2)-③ (3)-② (4)-① (5)-④ (6)-① (7)-③ (8)-③ (9)-② (10)-①

DAY 1

■次の英文を読んで，後の設問に答えなさい。   🕐 20min

About 2,000 years ago, a man in China developed the way to make (ア) paper from trees. Before then, (other / things / people / used / write / on / to) (1). People tried to write on many things, like rocks or the skin of animals. Later, people thought that paper made from trees was the best for writing, and people started using it.

As you know, we use paper for books, newspapers, or paper cups. We also use it to make cardboard boxes. Some people think that paper is (イ) (2) too soft to make a box and that it is better to use plastic or metal. Actually, these things are stronger than paper, but we (　) (　) (　) (3) (　) when we (　) (　) (　) (　) together. When we finish using cardboard boxes, we can easily recycle and dispose of them. Also, they are light and it is easy to carry them. These are their good points. (ウ)

Do you know "high performance paper"? This is special paper. There are many kinds of "high performance paper" in the world. For example, there is paper which is strong 　(A)　 water. We can write on it in the rain or in the water. There is paper which is strong 　(A)　 fire. We use this kind of paper as wallpaper in houses. Some companies are developing new kinds of high performance paper. These new kinds of paper are useful and (lives / may / they / make / are / our / better) (4). What can we do with "high performance paper" in the future?

設問レベル1　　　15min | Question level 1

問1　下線部(ア)〜(ウ)と同じ用法の不定詞を①〜③のうちから一つ選びなさい。
① I want to be a doctor in the future.
② I want something cold to drink.
③ I went to the park to play tennis.

問2　下線部(1)を正しい語順に並べかえなさい。

問3　下線部(2)を和訳しなさい。

問4　下線部(3)が完成するように，空所に次の語群から英単語を入れなさい。
(of / many / make / put / paper / paper / can / strong / pieces)

問5　下線部(4)を正しい語順に並べかえなさい。ただし，不要な語が1語含まれている。

問6　空所(A)に共通して入る前置詞を，次の語群から選んで入れなさい。
(by / with / against / of / in)

問7　次の各文について，本文の内容と一致するものにはＴ，一致しないものにはＦと答えなさい。
① People thought that nothing was more suitable for writing than paper.
② Cardboard boxes are so strong that we can use them instead of plastic.
③ Many people prefer cardboard boxes to metal because they are easy to recycle.
④ There is paper that has both waterproof and fireproof qualities.
⑤ There is a type of paper on which people can write in the water.

設問レベル2　　5min　Question level 2

要約　空所に適する語句を下の語群から補って，要約文を完成させなさい。ただし，不要な選択肢が含まれている。また，同じ選択肢を2回以上使用することは不可とする。

　紙は約2,000年前に中国で発明されて，今では，本，新聞，紙コップ，段ボール等様々なものに使用されている。紙は重ねることで　(a)　を増し箱を作るのに使え，段ボール箱は軽量で，使用後の　(b)　や　(c)　がたやすい。近年では　(d)　，　(e)　といった性能を備えた「高性能紙」と呼ばれる特別な紙もあり，我々の生活を便利にするのに役立つだろう。

語群　防水　密度　処分　強度　焼却　収納　再利用　防火　装飾

MEMO

DAY 2

出題校	長野県（高校入試）
語数	344語
難易度	♛♕♕♕
正解＆解説	p. 86

Warming up

次の語(句)の正しい意味を選びましょう。 ≫重要語句リストは別 p. 33 参照。

(1) join
  ① 〜を始める ② 〜に参加する ③ 〜を購入する ④ 〜を応用する

(2) hold
  ① 〜を扱う ② 〜を取り締まる ③ 〜を開催する ④ 〜を覆い隠す

(3) severe
  ① 極めて小さい ② 重い ③ 尊大な ④ 厳しい

(4) hill
  ① 坂道 ② かかと ③ つま先 ④ 家賃

(5) take care of
  ① 〜の話をする ② 〜の世話をする ③ 〜を忘れる ④ 〜を取り入れる

(6) return
  ① 戻る ② 始める ③ 担う ④ 踊る

(7) popular
  ① 元気がある ② 北極の ③ 高尚な ④ 人気のある

(8) memorial
  ① メモの ② 無限の ③ 医療の ④ 記念の

(9) cross
  ① 〜を収穫する ② 〜を走る ③ 〜を横切る ④ 〜をぶつける

(10) announcement
  ① 改善 ② 表彰 ③ 発表 ④ 配給

Answers (1)-② (2)-③ (3)-④ (4)-① (5)-② (6)-① (7)-④ (8)-④ (9)-③ (10)-③

DAY 2

■次の英文を読んで，後の設問に答えなさい。　🕐 20min

About 100 years ago, Japan joined the Olympics in Stockholm, Sweden. It was the first Olympics that Japan joined. 　(A)　. Mr. Kanakuri Shizo was one of them. He was a very fast marathon runner. Many people in Japan thought he could win the race in the Olympics.

The marathon was held on July 14, 1912. It was a very hot day. It was very difficult to run in severe weather. The runners ran up and down many hills. It was very hard for them. (1)Sixty-eight runners joined the marathon but only thirty-four were able to finish the race. Shizo ran very hard. But after he ran up a hill and ran about twenty-seven kilometers, he couldn't keep running and stopped. 　(B)　. He couldn't return to the race. The marathon race was 　(2)　.

When Shizo returned to Japan, he really wanted to become a faster runner. He started to practice very hard. 　(C)　. He started to do many things. For example, he held new races for young runners. The Hakone Ekiden was one of them. He still remembered his race in Stockholm. It was very hard for him to run up and down the hills there. He thought young runners should run up and down hills a lot. Hakone was a good place because it had hills.

One day, 55 years after the Stockholm Olympics, Shizo got a letter. It was from Sweden. He was asked to join the 　(3)　 event of the 1912 Olympics.

In Stockholm, (4)Shizo was surprised. He was asked to run in the Olympic Stadium and cross the finishing line. All the people there watched the old Japanese runner. 　(D)　. Then they heard the announcement: "Mr. Kanakuri of Japan has just finished the marathon. The time was 54 years, 8 months, 6 days, 5 hours, 32 minutes and 20.3 seconds. This is the end of the 1912 Stockholm Olympics. Thank you."

設問レベル1　　15min | Question level 1

問1 空所(A)～(D)に入れるのに最も適切なものをそれぞれ①～④のうちから一つ選びなさい。ただし、同じ選択肢を2回以上使用することは不可とする。
① He also wanted to make marathons popular in Japan
② There were only two members on the team
③ Shizo finished his race from the 1912 Olympics
④ A family by the road took care of him

問2 1912年のオリンピックで下線部(1)のようなことが起こったのはなぜか。本文に即して40字以内の日本語で具体的に説明しなさい。

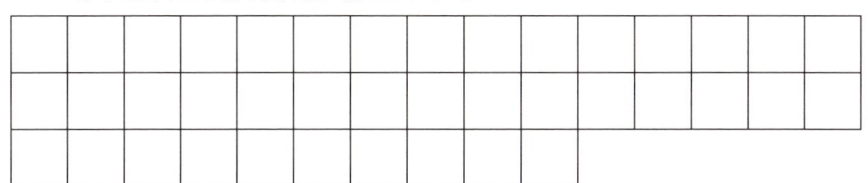

問3 空所(2)に入れるのに最も適切なものを①～④のうちから一つ選びなさい。
① on　　② off　　③ over　　④ below

問4 空所(3)に入れるのに最も適切なものを①～④のうちから一つ選びなさい。
① national　　② memorial　　③ conventional　　④ international

問5 下線部(4)のように四三が感じたのはなぜか。本文に即して40字以内の日本語で説明しなさい。

問6 次の各文について，本文の内容と一致するものにはT，一致しないものにはFと答えなさい。

① Only half of the runners who enrolled in the Stockholm Olympics were able to finish the race.
② Many Japanese people were shocked because Shizo couldn't get the gold medal.
③ Shizo instructed young runners so that they could perform well in the Olympics.
④ Shizo thought it necessary for young runners in Japan to get used to running up and down hills.
⑤ Shizo didn't expect that he would run in the Olympic Stadium when he got the letter from Sweden.

設問レベル2　　5min｜Question level 2

要約　空所に適する語句を下の語群から補って，要約文を完成させなさい。ただし，不要な選択肢が含まれている。また，同じ選択肢を2回以上使用することは不可とする。

❶ ストックホルムオリンピックにマラソン選手として出場した金栗四三は，オリンピックで勝利すると思われながらも，参加者の　(a)　しかレースを終えられないような，厳しい　(b)　と，上り下りの多いコース設定のため，　(c)　することとなった。

❷ 帰国後，彼は自身が練習する傍ら，日本のマラソン人気を高めるため，新しいレースを開催した。特に，箱根はストックホルムオリンピックのマラソンコースのように多くの　(d)　があり若手の訓練には最適だった。

❸ オリンピックから55年後，彼はストックホルムオリンピックの　(e)　でスタジアムを走りゴールラインを切るように求められ，大勢に見守られながらゴールすると，54年8か月6日5時間32分20秒3というタイムが発表された。

語群　記念式典　公開練習　天候　競争　半数　3分の1　坂道　棄権　障害

DAY 3

出題校: 愛知県（高校入試）
語数: 313 語
難易度: 👑
正解&解説: p. 90

Warming up

次の語(句)の正しい意味を選びましょう。 ≫重要語句リストは別 p. 33 参照。

(1) agriculture
① 森林　② 農業　③ 産業　④ 漁業

(2) necessary
① 最高な　② 困難な　③ 貴重な　④ 必要な

(3) local
① 勇気のある　② 田舎の　③ 巨大な　④ 地元の

(4) chemical(s)
① 分子　② 遺伝　③ 電子　④ 化学製品

(5) consume
① 消費する　② 化粧する　③ 普及する　④ 主張する

(6) farmer
① 漁師　② 学者　③ 農家　④ 故人

(7) in addition
① 集めて　② 共同で　③ 加えて　④ 通して

(8) instead of
① ～の代わりに　② ～の直前に　③ ～の条件で　④ ～と同様に

(9) insect
① 薬物　② 昆虫　③ 症状　④ 挿入

(10) improve
① ～を改善する　② ～を進める　③ ～に携わる　④ ～を準備する

Answers: (1)-②, (2)-④, (3)-④, (4)-④, (5)-①, (6)-③, (7)-③, (8)-①, (9)-②, (10)-①

DAY 3

■ 次の英文を読んで，後の設問に答えなさい。 25min

Agriculture is very important. Through agriculture, a lot of foods are produced, so we are able to have food every day. Agriculture is necessary for our lives in many ways.

In Japan, today, more and more people are thinking about agriculture. One of the reasons is the safety of food. Some people ask, "Does this carrot come from our local area?" or "Is this cabbage produced with agricultural chemicals?"

Some people like to buy fruits and vegetables produced near their homes. It is called *chisanchisho* in Japanese. <u>This means "to consume the farm products in the area that has produced them."</u>
(1)

In the United States, they have the movement called Community Supported Agriculture (CSA). People give some money to the farmers living in their local area, and get fruits or vegetables from them. In other words, consumers support the farmers in their own community.

Chisanchisho and CSA have some good points for people. First, consumers know which farm the fruits and vegetables come from. Second, the fruits and vegetables are fresh and taste delicious because they are carried for a short time from farms to stores. In addition, consumers can choose the farmers who don't use agricultural chemicals.

Farmers are also careful about the safety of food. Some farmers are trying to produce fruits and vegetables without agricultural chemicals. ［(2)］ agricultural chemicals, they use some kinds of insects.

> Plant lice are insect pests for vegetables.

Through agriculture, we can get many foods from nature. So agriculture is necessary for our lives. When we think of our future, we should be more careful about our foods to improve our lives.

設問レベル1　　　　　　　　　　　　　　　　　　**20min** | Question level 1

問1　下線部(1)を，this と them の内容を明らかにして，和訳しなさい。

問2　CSA とはどのような仕組みか。本文に即して日本語で具体的に説明しなさい。

問3　地産地消と CSA の利点を3点挙げなさい。

問4　空所(2)に入れるのに最も適切なものを①〜④のうちから一つ選びなさい。
　　① In addition to　　② In spite of　　③ Instead of　　④ In return for

DAY 3

問5 空所になっている段落が出だしの文に続いて完成するように，①〜④を並べかえなさい。

① As a result, farmers don't use any agricultural chemicals.
② If farmers do not do anything, many vegetables will be eaten by them.
③ They like to eat plant lice.
④ So some farmers use ladybugs.

問6 次の各文について，本文の内容と一致するものにはT，一致しないものにはFと答えなさい。

① Recently more and more people have been working in agriculture because they are more aware of the safety of food.
② *Chisanchisho* and CSA are similar in that consumers get farm products produced in the area they live in.
③ Fruits and vegetables grown without using chemicals are fresher and taste more delicious.
④ Some farmers are using insects because it costs less than using agricultural chemicals.
⑤ The author suggests that we should pay more attention to what we eat in order to improve our lives.

設問レベル2　　　5min | Question level 2

要約 空所に適する語句を下の語群から補って，要約文を完成させなさい。ただし，不要な選択肢が含まれている。また，同じ選択肢を2回以上使用することは不可とする。

食の　(a)　という観点から，多くの人々が農業に興味を持つようになっている。日本では地元でとれた農作物を　(b)　で消費する地産地消という運動が，アメリカでは地元住民がその地域の農家を支えるCSAという運動が起こっている。それにより，消費者は農作物がどの農家で生産されたかを知ることができ，　(c)　で　(d)　栽培の農作物を手に入れることができる。また生産者も　(e)　を用いるなどして，より安全な農作物を提供しようとしている。

語群　地元　安全　新鮮　安価　農薬　無農薬　確保　益虫　農家

DAY 4

出題校　**宮崎県（高校入試）**
語数　**379語**
難易度　👑👑♛♛♛
正解&解説　**p. 94**

Warming up

☐ 次の語(句)の正しい意味を選びましょう。　》重要語句リストは別 p. 34 参照。

(1) **drought**
① 干ばつ　② 肥大　③ 伐採　④ 洪水

(2) **village**
① 別荘　② 村　③ 郊外　④ 町

(3) **suffer**
① 苦しむ　② 異なる　③ 喜ぶ　④ 言及する

(4) **harvest**
① 協調　② 収穫　③ 展望　④ 貢献

(5) **windmill**
① 扇風機　② 風車　③ 防風　④ 風化

(6) **electricity**
① 有権者　② 加速　③ 選挙　④ 電気

(7) **supply**
① 業者　② 商業　③ 供給　④ 小売

(8) **gather**
① 〜を集める　② 〜を囲む　③ 〜を納める　④ 〜を包む

(9) **throw away**
① 〜を拾う　② 〜を追う　③ 〜を受け取る　④ 〜を捨てる

(10) **garbage**
① 缶詰　② 調理室　③ ごみ　④ 評価

■ 次の英文を読んで，後の設問に答えなさい。　　🕐 25min

　　William Kamkwamba did a great thing when he was 14 years old. He was born in Malawi, Africa in 1987. When he was a junior high school student, there was a big drought in his country. Many people in his village died because they had no food to eat. His family 　(2)　 too. William's parents, like many other people in his village, were farmers. His parents could not get any 　(3)　, and had no money for William to go to school. So, he left school when he was 14 years old.

　　William helped his father with his job. However, even after he left school, he really wanted to study. So, he went to the library. Reading books became very important for him. One day, he found a book called "Using Energy." He saw a picture of windmills in the book. It was very interesting for him. William learned many things from the book. One of them is that the power which windmills make can produce electricity which is used to get water from under the ground. At that time in 2002, only 2% of all people in Malawi used electricity at home. Most people didn't have a water supply. William wanted to change that bad situation by building his own windmill.

　　Building a windmill was really hard. William (which / things / gathering / thrown / started / were / away). It was very surprising for the people in his village. Some people said bad things about him, and other people thought William had a bad spirit in his mind. Even his mother and sisters were not on his side. But he didn't give up working on his plan.

(6)(took / William / it / for / to / three months / finish) making his first windmill. It was made of trees and a lot of old things that were used, such as some parts of bikes, plastic garbage, car batteries, and so on. His windmill started working and producing electricity. When people in the village saw it, they thought he did a great thing. They also thought their lives would become better.

William continued to build windmills for the village. One was given to a school for children. Another windmill was built to get water from under the ground. People in his village thanked William very much.

設問レベル1　　20min | Question level 1

問1　下線部(1)の単語の意味として最も適切なものを①〜④のうちから一つ選びなさい。
　① a severe snowstorm　　② an overflow of a river
　③ a long period of dry weather　　④ a strong wind and rain

問2　空所(2)に入れるのに最も適切なものを①〜④のうちから一つ選びなさい。
　① conquered　② suffered　③ improved　④ disappointed

問3　空所(3)に入れるのに最も適切なものを①〜④のうちから一つ選びなさい。
　① harvest　② expectation　③ maintenance　④ damage

問4　下線部(4)を和訳しなさい。

問5　下線部(5)が「ウィリアムは捨てられていたものを集め始めた」という意味になるように与えられた語を並べかえなさい。

問6　下線部(6)を正しい語順に並べかえなさい。ただし，文頭の語も小文字になっている。

問7　次の各文について，本文の内容と一致するものにはＴ，一致しないものにはＦと答えなさい。
① Because of a severe natural disaster, William's parents were not able to earn enough.
② William learned how to build a windmill from a book which his father found for him.
③ William asked his mother and sisters to help him build windmills in the village they lived in.
④ William's first windmill provided enough electricity for people in the village.
⑤ Thanks to the windmills William made, people in the village were able to get a better harvest.

設問レベル2　5min　Question level 2

要約　空所に適する語句を下の語群から補って，要約文を完成させなさい。ただし，不要な選択肢が含まれている。また，同じ選択肢を2回以上使用することは不可とする。

William Kamkwamba は　(a)　が家計に与えた影響により，学校教育を受けられなくなったが，父の仕事を手伝いながら勉強を続け，　(b)　が　(c)　を生み出すことを本から学び，大半の人が電気や　(d)　を持たない状況を変えるべく，自身で風車を建てることを決意する。村の人々だけでなく親族でさえ味方してくれないような状況の中，　(e)　などを用いて3か月をかけて最初の風車を建設し，その後は学校用や水のくみ上げ用の風車を作り，村の人々に感謝される存在となった。

語群　風車　資源　電気　干ばつ　自動車　温暖化　水道設備　廃棄物　ガス

DAY 5

出題校	東京都（高校入試）
語数	322語
難易度	👑👑
正解&解説	p. 99

Warming up

□ 次の語の正しい意味を選びましょう。 ≫重要語句リストは別 p. 35 参照。

(1) pollution
① 花粉　② 煙　③ 工場　④ 汚染

(2) affect
① 〜に影響を及ぼす　② 〜に順応する
③ 〜に精通している　④ 〜に集中する

(3) artificial
① 真実の　② 本来の　③ 人工の　④ 芸術的な

(4) improper
① 正当な　② 不適当な　③ 抽象的な　④ 合理的な

(5) serious
① 深刻な　② 適当な　③ 協力的な　④ 不正な

(6) attract
① 〜の陰影をつける　② 〜を収集する
③ 〜を誘導する　④ 〜を引きつける

(7) bright
① 広い　② 明るい　③ 狭い　④ 暗い

(8) direction
① 通路　② 経緯　③ 方向　④ 進歩

(9) reduce
① 〜を広げる　② 〜を整える　③ 〜を増やす　④ 〜を減らす

(10) waste
① 浪費　② 適量　③ 欠陥　④ 配慮

Answers (1)-④ (2)-① (3)-③ (4)-② (5)-① (6)-④ (7)-② (8)-③ (9)-④ (10)-①

■次の英文を読んで，後の設問に答えなさい。

　Light pollution. Have you ever heard about it? Many of you may know about "air pollution" or "water pollution." (1)They mean that the air or water gets so dirty that people's lives are affected. However, light pollution is a little different. Light pollution is a series of problems caused by too much artificial light or by improper ways of lighting at night. It is becoming difficult for people to see many stars at night, but (2)that is just one of the problems. Actually, there are more. Because of so much artificial light, animals and plants are also affected by light pollution. To some animals, light pollution has caused more serious problems. [(3)], think about what has happened to migrating birds. Some of them are nocturnal, so they can see well even when it is very dark. They usually travel at night to move from one area to another. When they see bright things around them, however, (4)they are easily attracted to those bright things. So when they fly into an area which has a lot of buildings and towers shining with bright lights, they lose their sense of direction and don't know where they are flying.

　Now, what can we do about this problem? First of all, we can reduce the number of street lights that are not really necessary. (5)(we /

do / change / is / of street lights / to / the design / another thing / can).

Some street lights do not have a cover on them, so the light is shining in every way. However, much of the light shining up into the sky is not actually useful. That⁽⁶⁾ is a waste of energy and money. So we should change the design in a way that will reduce such waste.

Light pollution is one of many problems in our natural environment today. If more and more people around the world do something about this problem, the lives of animals affected by light pollution will be saved.

設問レベル1　　　　　　　　　　　　　　　　　　　　20min | Question level 1

問1　下線部(1)を，They の内容を明らかにして，和訳しなさい。

問2　下線部(2)の that が指す内容を日本語で書きなさい。

問3　空所(3)に入れるのに最も適切なものを①〜④のうちから一つ選びなさい。
　① On the contrary　② However　③ For example　④ In addition

問4　下線部(4)の they が指すものを10字以内の日本語で書きなさい。

問5　下線部(5)が「私たちができる他のことは道路照明のデザインを変えることである。」となるように与えられた語(句)を並べかえなさい。ただし，文頭の語も小文字になっている。

問6　下線部(6)の that の内容を日本語で簡潔に書きなさい。

問7 次の各文について，本文の内容と一致するものにはT，一致しないものにはFと答えなさい。

① Since the air is so dirty, it is getting harder for us to see stars at night.
② Pollution caused by improper uses of lighting is less harmful than air or water pollution.
③ Too much artificial light causes migrating birds to lose their sense of direction.
④ One of the measures to reduce light pollution is to redesign street lights.
⑤ These days, more and more people are using less electricity in order to protect animals.

設問レベル2　　　5min | Question level 2

要約 空所に適する語句を下の語群から補って，要約文を完成させなさい。ただし，不要な選択肢が含まれている。また，同じ選択肢を2回以上使用することは不可とする。

❶ 光害とは，大量の [(a)] や，夜間の [(b)] 照明方法により引き起こされる一連の問題のことである。それにより，星が見えにくくなるだけでなく，動物も大きな影響を受ける。特に [(c)] の渡り鳥は，明るい光に引きつけられ飛行中に [(d)] を失ってしまう。

❷ 光害への主な対策は，不必要な [(e)] を減らし，空へ向けて光が発せられないよう覆いを取り付けることである。

語群　統制　人工光　間接照明　夜行性　方向感覚　集団　街灯　建物　不適切な　効果的な

DAY 6

出題校	オリジナル英文
語数	236語
難易度	♛♛♕♕♕
正解&解説	p. 104

Warming up

次の語(句)の正しい意味を選びましょう。 ≫重要語句リストは別 p. 36 参照。

(1) clap
　① 立ち上がる　② 足をつく　③ 手を叩く　④ うなずく

(2) unconsciously
　① 常識外れの　② 無意識に　③ 不用意に　④ 強制的に

(3) generally speaking
　① 一般的に言って　② 厳密に言って　③ 率直に言って　④ 略して

(4) relieve
　① 〜を象徴する　② 〜を考慮する　③ 〜を当てはめる　④ 〜を取り除く

(5) effect
　① 破壊　② 撮影　③ 影響　④ 角度

(6) cope with
　① 〜に対処する　② 〜に影響する　③ 〜を承認する　④ 〜を否定する

(7) relative
　① 依存　② 親族　③ 交換　④ 再建

(8) habit
　① 連絡　② 住居　③ 住人　④ 習慣

(9) ancestor
　① 子孫　② 罪人　③ 祖先　④ 指揮者

(10) embarrass
　① 〜を恥ずかしがらせる　② 〜をどうにか切り抜ける
　③ 〜を散らかす　④ 〜を見過ごす

Answers (1)-3 (2)-2 (3)-1 (4)-4 (5)-3 (6)-1 (7)-2 (8)-4 (9)-3 (10)-1

次の英文を読んで、後の設問に答えなさい。　　25min

　When people burst 　(1)　 laughter, they act differently. Some people clap their hands. Other people stomp their feet or slap their knees. People on TV, such as comedians, clap their hands loudly because they know clapping makes the situation funnier. When you see such comedians, you may sometimes think their actions are unnatural. 　(3)　, most people clap or stomp unconsciously when they laugh. Do you know the reason why?

　Generally speaking, people unconsciously clap or stomp because they are trying to release stress. You may not believe that laughing causes stress. Actually, you may think that laughing relieves it. However, the word "stress" is used to mean any feeling that affects the human body. Although laughing may have positive effects, it is still a stressful activity. When people laugh, they experience stress at the same time. To cope 　(5)　 it, they do things like clapping their hands.

　Humans are not the only species that use these methods to release stress. Interestingly, chimpanzees also do so. Considering chimpanzees are our closest living relatives, it's not surprising to learn that they have some of the same habits as we do. Clapping may be caused by something deep in our DNA that comes from our ape ancestors.

　You may feel a little 　(7)　 when you learn that our behavior is similar to that of chimpanzees. Now that you know this, will you stop clapping your hands when you laugh?

設問レベル1   20min | Question level 1

問 1 空所(1)に入れるのに最も適切なものを①〜④のうちから一つ選びなさい。
① for   ② to   ③ into   ④ of

問 2 コメディアンが下線部(2)のような行動するのはなぜか。30字以内の日本語で説明しなさい。

問 3 空所(3)に入れるのに最も適切なものを①〜④のうちから一つ選びなさい。
① In addition   ② Therefore   ③ However   ④ Indeed

問 4 下線部(4)の it が指しているものを、英単語1語で答えなさい。

問 5 空所(5)に入れるのに最も適切なものを①〜④のうちから一つ選びなさい。
① for   ② with   ③ into   ④ of

問 6 下線部(6)を和訳しなさい。

問 7 空所(7)に入れるのに最も適切なものを①〜④のうちから一つ選びなさい。
① embarrassing   ② embarrassed   ③ disappointing   ④ pleased

問 8 本文の内容と一致しないものを①〜④のうちから一つ選びなさい。
① Stress is any emotion that has some influences on our body.
② Clapping when you laugh helps you to relieve your stress.
③ When chimpanzees feel stress, they always clap their hands.
④ It is likely that our DNA may cause us to clap when laughing.

DAY 6

設問レベル2 5min | Question level 2

要約 空所を補って，要約文を完成させなさい。ただし，与えられた文字で書き出すこととする。

人々は笑うとき (a) 無　　手を叩いたり，足を踏み鳴らしたりするが，これは笑うことにより引き起こされる (b) ス　　行為である。面白いことに，チンパンジーも同様のことをする。このことから，笑っている最中に手を叩くという行為は我々が (c) 類　　受けついだものだと言えるかもしれない。

MEMO

DAY 7

出題校	オリジナル英文
語数	272語
難易度	♛♛♕♕♕
正解&解説	p. 109

Warming up

次の語の正しい意味を選びましょう。 ≫重要語句リストは別 p. 37 参照。

(1) **planet**
① 惑星　② 恒星　③ 飛行　④ 銀河

(2) **debris**
① 備品　② 電子機器　③ 残骸　④ 隕石

(3) **satellite**
① 衛星　② 情報　③ 照明　④ 地球

(4) **orbit**
① 緯度　② 軌道　③ 赤道　④ 半球

(5) **remove**
① 〜を再現する　② 〜を取り除く　③ 〜を塗り直す　④ 〜を取り付ける

(6) **constantly**
① 一時的に　② 仮に　③ 全体的に　④ 常に

(7) **current**
① 怠惰な　② 現在の　③ 公共の　④ 膨大な

(8) **estimate**
① 〜だと宣言する　② 〜だと判断する　③ 〜だと推定する　④ 〜だと解釈する

(9) **effective**
① 効果的な　② 個性的な　③ 一時的な　④ 一般的な

(10) **explore**
① 〜を探検する　② 〜を観察する　③ 〜を掲載する　④ 〜を発行する

Answers (1)-① (2)-③ (3)-① (4)-② (5)-② (6)-④ (7)-② (8)-③ (9)-① (10)-①

次の英文を読んで，後の設問に答えなさい。　　🕐 25min

　　Do you know what there is in space? Planets? Stars? Yes. There are planets and stars, but (important / are missing / you / something)(1). Debris. There is a lot of debris in space. The debris is called "space debris" and it has become a serious problem. However, cleaning up space is not as easy as cleaning up your room or your neighborhood.(2)

　　Space debris is mainly made up of old satellites and pieces broken off spacecrafts. Although scientists have been trying to understand the mechanisms of space, they haven't done enough to deal with space debris. 　(3)　, the amount of space debris has been increasing. A few hundred-thousand pieces of space debris are in orbit around the earth.

　　It is not surprising that the debris causes trouble. If a spacecraft crashes into even a very small piece of debris, it can be damaged and may not be able to come back to Earth. Furthermore, if large pieces of debris hit each other, the impact will create thousands of smaller pieces of debris. It is said that such crashes happen every four or five years.

　　Although scientists have been discussing measures to remove debris from space, they haven't 　(4)　 anything practical. To make matters worse, new small pieces of debris are constantly being created because of debris crashes. Even to simply maintain the current amount of debris, scientists estimate that it is necessary to remove five unused satellites every year. However, this(5) is considered unrealistic. Therefore, in terms of space development today, scientists must consider not only effective ways(6) to explore space, but also effective ways to remove the debris we leave in space.

設問レベル1　　20min | Question level 1

問1　下線部(1)を正しい語順に並べかえなさい。

問2　下線部(2)を和訳しなさい。

問3　空所(3)に入れるのに最も適切なものを①〜④のうちから一つ選びなさい。
　　① Instead　　② Therefore　　③ Otherwise　　④ However

問4　空所(4)に入れるのに最も適切なものを①〜④のうちから一つ選びなさい。
　　① catch up with　　② come up with　　③ put up with　　④ keep up with

問5　下線部(5)の this の内容を簡潔に書きなさい。

問6　下線部(6)を和訳しなさい。

問7　次の各文について，本文の内容と一致するものにはT，一致しないものにはFと答えなさい。
　① It is predicted that the problem of space debris will be solved in the near future.
　② Scientists have come to equally understand space as well as space debris.
　③ Thousands of small pieces of space debris are created because of large space debris crashes.
　④ Cleaning up five unused satellites every year enables us to solve the problem of space debris.

DAY 7

設問レベル2　　5min | Question level 2

要約　空所に適する語句を下の語群から補って，要約文を完成させなさい。ただし，不要な選択肢が含まれている。また，同じ選択肢を2回以上使用することは不可とする。

宇宙では，主に古い　(a)　や壊れた宇宙船の破片からなる宇宙ゴミが地球の軌道上に多数存在している。宇宙ゴミは，宇宙船に衝突し大事故を引き起こす可能性もある。また，宇宙ゴミ同士の　(b)　により，何千もの小さな宇宙ゴミが作り出されている。現状の宇宙ゴミの量を維持するだけでも毎年　(c)　の使用されていない衛星を取り除く必要があるが，それは　(d)　であり，科学者は宇宙ゴミの対策に取り組んではいるが，実践的な解決策を思いついてはいないのである。

語群　非現実的　　衝突　　衛星　　数百　　五つ　　爆発　　誤り

MEMO

DAY 8

出題校	オリジナル英文
語数	267 語
難易度	♛♛♛♕♕
正解 & 解説	p. 113

Warming up

次の語の正しい意味を選びましょう。 》重要語句リストは別 p. 38 参照。

(1) **hunger**
① 恐怖　② 継続　③ 飢餓　④ 無駄

(2) **exist**
① 絶滅する　② 出発する　③ 循環する　④ 存在する

(3) **shortfall**
① 不足　② 落下　③ 欠陥　④ 後退

(4) **grain**
① 栄養　② 獲得　③ 成長　④ 穀物

(5) **feed**
① 〜に食べ物を与える　② 〜に種をまく
③ 〜に教える　④ 〜に伝達する

(6) **starve**
① 栄える　② 飢える　③ 当てはまる　④ 溢れる

(7) **distribution**
① 招集　② 移行　③ 分配　④ 貢献

(8) **export**
① 〜を公開する　② 〜を並べる　③ 〜を輸出する　④ 〜を改装する

(9) **organization**
① 保存　② 組織　③ 援助　④ 計画

(10) **extremely**
① かろうじて　② 極めて　③ 荒々しく　④ 綿密に

■次の英文を読んで，後の設問に答えなさい。　　🕐 25min

　　Every year more than fifteen-million people die of hunger. More than seventy percent of them are children and most of them live in developing countries. You may believe that world hunger exists because of shortfalls in food production. However, this is not always true. (1)
Actually, we produce enough grain to feed every person in the world. If grain were given equally to people around the world, each person 　(2)　 about 320 kilograms of grain a year. This amount is about twice as much as one Japanese person eats in a year. So, why do many people starve?

　　The problem is the distribution of food. In regard to the distribution of grain, for example, the majority of grain which is produced in developing countries is exported to developed countries. There, it is used (3) to feed cows, pigs and chickens, which are consumed in developed countries. 　(4)　, people in developing countries are starving while producing grain for developed countries.

　　In order to deal with world hunger, organizations such as the World Food Programme play very important roles. The World Food Programme provides food assistance to around 80 million people each year. However, aside from such organizations, people in developed countries should (5) reconsider their eating habits. For instance, Japan throws away about 20 million tons of food every year. However, about half of the amount thrown away is still edible. It is extremely important to reduce the waste of food as much as possible. When trying to deal with the problem of hunger, the first step should be to reduce the amount of food we throw away.

設問レベル1　20min | Question level 1

問1　下線部(1)を，this の内容を明らかにして，和訳しなさい。

問2　空所(2)に入れるのに最も適切なものを①〜④のうちから一つ選びなさい。
① gets　② got　③ would get　④ would have gotten

問3　下線部(3)を，it の内容を明らかにして，和訳しなさい。

問4　空所(4)に入れるのに最も適切なものを①〜④のうちから一つ選びなさい。
① Frankly speaking　② In other words
③ To some degree　④ On the contrary

問5　筆者が下線部(5)のように述べているのはなぜか。30字以内の日本語で説明しなさい。

問6　次の各文について，本文の内容と一致するものにはT，一致しないものにはFと答えなさい。
① About 10 million tons of food thrown away in Japan seems to be safe to eat.
② Although one Japanese person consumes 160kgs of grain per year, most of it is imported.
③ People in developed countries are dependent on grain produced by developing countries.
④ Not only shortfalls in food production but also unequal distribution of food is to be blamed for world hunger.

DAY 8

設問レベル2　　5min | Question level 2

要約　空所に適する語句を下の語群から補って，要約文を完成させなさい。ただし，不要な選択肢が含まれている。また，同じ選択肢を2回以上使用することは不可とする。なお，(a)は与えられた文字で書き出すこととする。

❶ 毎年，途上国では多くの人々が餓死しているが，その原因として (a) **食**　 の不足を挙げるのは必ずしも正しいとは限らない。問題は，食糧の (b) であり，穀物に限って言えば，平等に (b) されれば，世界中の人々に十分な穀物が供給されるのである。しかし，現状では， (c) で生産された穀物の大半は (d) で消費される家畜の餌になるのである。

❷ 世界の飢餓に対処するためには，世界的な機関による取り組みだけでなく，多くの食べられる食糧を廃棄している先進国の (e) を見直す必要もある。

語群　食習慣　分配　農地　食糧生産　確保　先進国　(発展)途上国　廃棄基準

MEMO

DAY 9

出題校	オリジナル英文
語数	257 語
難易度	♛♛♕♕♕
正解 & 解説	p. 118

Warming up

次の語(句)の正しい意味を選びましょう。 ≫重要語句リストは別 p. 39 参照。

(1) **be likely to** *do*
① 〜しそうだ ② 〜するのが好きだ ③ 〜するのが嫌いだ ④ 〜しなさそうだ

(2) **relationship**
① スキンシップ ② 大型船 ③ 関係 ④ 目的

(3) **generally**
① 幸運に ② 規則的に ③ 例外的に ④ 一般に

(4) **therefore**
① 一方では ② したがって ③ しかしながら ④ たとえば

(5) **complain**
① 説明する ② 不満を言う ③ ほめる ④ 叫ぶ

(6) **emotion**
① 感情 ② 動機 ③ 感動 ④ 期待

(7) **nod**
① 反対する ② 断る ③ うなずく ④ 賛成する

(8) **comment**
① 提出する ② 記述する ③ 説明する ④ 批評する

(9) **opinion**
① 講義 ② 運動 ③ 意見 ④ 行動

(10) **especially**
① 特に ② 一般に ③ 自由に ④ 当然に

Answers (1)-① (2)-③ (3)-④ (4)-② (5)-② (6)-① (7)-③ (8)-④ (9)-③ (10)-①

次の英文を読んで，後の設問に答えなさい。　25min

　Do you want to be a good speaker? Or a good listener? <u>Many (1) people want to be good at talking in order to be liked by other people</u>. People tend to come together around people who talk very well. They always give other people energy, so they are very popular. For <u>that (2) reason</u>, many people believe that a person who is good at talking is likely to create good relationships. However, the truth is different. A person who is good at listening to other people is more likely to have good relations with the people around them.

　Why do good listeners have good relationships with others? There are generally two reasons for this. Firstly, we, as people, like ourselves. We are usually interested 　(A)　 things about ourselves. Therefore, we like a person who will listen to us.

　Secondly, (want / feel / others / we / how we / to tell)(3). Many people feel better after complaining to someone about something. We can also get our anger out by telling someone about it. This is the same for emotions such 　(B)　 joy or fear. Human beings want people to listen to them.

　If you want to make good relationships in your life, it is important to listen to others carefully. You should look the person who is talking to you 　(C)　 the eye, nod at the right time, and sometimes comment to show

them that you are listening. Also, they don't always want to hear your
                                  (4)
opinion, so you don't have to give them opinions or advice, especially
when they are angry.

設問レベル1 　　　　　　　　　　　　　　　20min | Question level 1

問1 下線部(1)を和訳しなさい。

問2 下線部(2)の具体的な内容を40字程度で述べなさい。

問3 下線部(3)を意味が通るように並べかえなさい。

問4 下線部(4)を和訳しなさい。

問5 よい関係を形成するために，人の話を聞く際に注意すべきこととして本文に当てはまらないものを①〜⑦のうちから二つ選びなさい。
① 注意深く人の話を聞く
② 話している人の目を見る
③ 話している人の目を適度にそらす
④ 適度にうなずく
⑤ 聞いていることを示すために相手が言ったことにコメントを述べる
⑥ 怒っているときなどに詳しいアドバイスは述べない
⑦ 怒っている場合でも親身に詳しい意見やアドバイスをする

問6 空所(A)〜(C)に入る適切な前置詞を答えなさい。

設問レベル2　　　　　　　　　　　　　　　　　5min | Question level 2

要約　空所に適する語句を下の語群から補って，要約文を完成させなさい。ただし，不要な選択肢が含まれている。また，同じ選択肢を2回以上使用することは不可とする。

❶ 人々の多くは　(a)　話すのが得意になりたいと思っている。話し上手な人は，そうでない人よりも良い関係を築きそうだ，と多くの人は信じているからだが，　(b)　人のほうが周りの人々とよい関係を築く可能性が高い。

❷ 一般に二つの理由がある。一つ目に，　(c)　であるということである。自分の話を聞いてくれる人が好きなのだ。

❸ 二つ目に，人に，自分たちが　(d)　を話したいのだ。人間は人に自分たちの話を聞いてもらいたいのだ。

❹ もし人生においてよい人間関係を築きたかったら，　(e)　聞くことが重要だ。また，相手はあなたの意見をいつも聞きたいというわけではないので，特に　(f)　ときは，意見やアドバイスをあたえる必要はない。

語群
自分のことが好き　　自分のことが嫌い　　人前で　　他人に好かれるために　　人の話を注意深く
人の話を聞くのが得意な　　どのように感じているか　　相手が怒っている　　相手が笑っている

MEMO

DAY 10

出題校	オリジナル英文
語数	287語
難易度	♛♛♕♕♕
正解&解説	p. 122

Warming up

□ 次の語(句)の正しい意味を選びましょう。 》重要語句リストは別 p. 40 参照。

(1) come up with
 ① ～に追いつく ② ～に遅れずについていく
 ③ ～を思いつく ④ ～を思い出す

(2) appear
 ① 現れる ② 消える ③ 流れる ④ 戻る

(3) solve
 ① ～を簡単にする ② ～を解決する ③ ～を複雑にする ④ ～を溶かす

(4) according to
 ① ～と比較して ② ～だから ③ ～を考慮して ④ ～によると

(5) avoid
 ① ～を避ける ② ～を我慢する
 ③ ～にとって代わる ④ ～を反映する

(6) attention
 ① 興味 ② 心配 ③ 期待 ④ 注意

(7) unconsciously
 ① 悪意に ② 意識的に ③ 善意に ④ 無意識に

(8) stimulate
 ① ～をまねる ② ～を規定する ③ ～を刺激する ④ ～を特定する

(9) improve
 ① ～を向上させる ② ～を考案する ③ ～を証明する ④ ～を悪化させる

(10) efficiently
 ① 一般的に ② 基本的に ③ 効率的に ④ 俯瞰的に

Answers (1)-③ (2)-① (3)-② (4)-④ (5)-① (6)-④ (7)-④ (8)-③ (9)-① (10)-③

DAY 10

■■ 次の英文を読んで，後の設問に答えなさい。　🕐 25min

　　Have you ever looked up when thinking? I often do. When I was a child, I liked watching cartoons. I would often see cartoon characters 〔 (a) 〕 would look up while thinking and come up with a good idea. When a character looks up when they think, a cloud often appears above them. It shows the content of their thoughts, 〔 (b) 〕 is often surprising and amusing. (1)Perhaps the reason I look up when I think is the memory of the cartoon characters I used to watch.

　　Why do you sometimes look up when you think? 〔 (A) 〕, you may look up when you remember something, think about a plan, or try to solve a difficult problem. Some people turn their eyes to the ceiling; others raise their head and close their eyes.

　　According to scientists, looking up while thinking seems to result from trying to avoid unnecessary thoughts. If you see something while thinking, you turn your attention to it, but by doing so, you may not be able to concentrate. It is said that in order to avoid this situation, you unconsciously look up at a place 〔 (c) 〕 something won't come into view. Also, by looking down, something may not come into view, but people would probably think you were worried or shy. 〔 (B) 〕, you unconsciously learn to look up.

　　(2)According to another theory, looking up stimulates your neck, improves the blood flow to your brain, and makes your brain work better. If your brain works efficiently, you may be able to call up memories or come up with a good idea.

There are various theories about thinking and looking up, so it could be interesting to think about it while looking to the sky!

設問レベル1　　20min | Question level 1

問1　空所(a)〜(c)に入れるのに最も適切なものを①〜④のうちから一つ選びなさい。ただし、同じ単語を2回以上使用することは不可とする。
　① which　　② where　　③ who　　④ what

問2　空所(A), (B)に入れるのに最も適切なものを①〜④のうちから一つ選びなさい。ただし、同じ単語を2回以上使用することは不可とする。
　① Furthermore　　② As a result　　③ However　　④ For example

問3　下線部(1)を和訳しなさい。

問4　下線部(2)を和訳しなさい。

問5　本文の内容と一致するものを①〜⑤のうちから二つ選びなさい
　① Something like a cloud made the author's imagination surprising and amusing.
　② You may raise your head and close your eyes while remembering something, or trying to answer a difficult question.
　③ You should try to avoid unnecessary thoughts in order to look up when you think.
　④ By looking down, something may not come into view, and in this case people will always think you are worried.
　⑤ Another theory about looking up is that it gives your brain a better blood flow and makes your brain work better.

DAY 10

設問レベル 2　　5min　Question level 2

要約　空所に適する語句を補って，要約文を完成させなさい。ただし，不要な選択肢が含まれている。また，同じ選択肢を2回以上使用することは不可とする。

人はなぜ考えるときに　(a)　のか。科学者によると，考えている間に見上げるのは，　(b)　を避けようとすることから生じるらしい。もう一つの学説によると，見上げることで　(c)　があたえられ，脳への血流がよくなり，　(d)　ようになる。考えて見上げることについては　(e)　がある。

語群　首に刺激　　必要な考え　　不必要な考え　　様々な学説　　時々見上げる　　時々下を見る　　脳がよく働く

MEMO

DAY 11

出題校	愛知学院大学
語数	302語
難易度	♛♛♕♕♕
正解&解説	p. 127

Warming up

次の語(句)の正しい意味を選びましょう。　≫重要語句リストは別 p. 41 参照。

(1) notice
① ～に印をつける　② ～にメモを取る　③ ～に気が付く　④ ～を理解する

(2) mean
① ～を考えている　② ～を手段とする　③ ～にもたれる　④ ～を意味する

(3) influence
① ～に影響を及ぼす　② ～に風邪をうつす　③ ～を含んでいる　④ ～をまねる

(4) indeed
① 驚いたことに　② 予想どおり　③ 期待して　④ 確かに

(5) actually
① 積極的に　② 実は　③ 肯定的に　④ 理論的に

(6) male
① 仲間　② オス　③ メス　④ 敵

(7) please
① ～を懇願する　② ～を立ち止まらせる　③ ～を喜ばせる　④ ～を納得させる

(8) see A as B
① AをBに与える　② AからBを奪う　③ BとしてAが見える　④ AをBとみなす

(9) equal
① 同等の　② 必要の　③ それぞれの　④ 自由の

(10) reason
① 結果　② 具体　③ 対比　④ 理由

Answers: (1)-3 (2)-4 (3)-1 (4)-4 (5)-2 (6)-2 (7)-3 (8)-4 (9)-1 (10)-4

■次の英文を読んで，後の設問に答えなさい。　🕒 25min

　You may have noticed that cats and dogs learn differently. ［　(A)　］, you can teach dogs to roll over for a piece of food. It is a lot harder, on the other hand, to teach cats. But that does not mean that cats are not as ［　(1)　］ as dogs. It also does not mean that dogs learn faster than cats. Dogs and cats simply learn differently. <u>Their learning styles influence the types of things that you can teach these animals to do.</u>₍₂₎ For example, it takes no time for cats to learn to use a special box as a toilet. ［　(B)　］, dogs take more time to learn where and when they should go to the toilet.

　Why are these animals different? You have to think about ［　(3)　］ these animals act in the wild. If something is natural for an animal to do, it is easier for the animal to learn. But why can people teach dogs to sit but not cats? Cats and dogs indeed both sit in the wild, after all. <u>This actually has to do with</u>₍₄₎ the fact that dogs live in groups in the wild, but cats live alone. In a group of wild dogs, there is one powerful male that is the boss. All of the other dogs work to please this boss. When a dog comes into a person's house to live, the person in the house becomes the boss. Your dog naturally wants to please you <u>so that you will let it live with you.</u>₍₅₎

　Cats are different. Cats do not live in groups with a boss. When a cat comes to live at your house, it sees you as an equal. ［　(C)　］, it will not try so hard to please you. (D) , cats and dogs have different reasons for learning the things they do.

設問レベル1　⏱20min　Question level 1

問1　(A)〜(D)に入れるのに最も適切なものをそれぞれ①〜④のうちから一つ選びなさい。
　① However　② Therefore　③ For example　④ In conclusion

問2　空所(1)に入れるのに最も適切なものを①〜④のうちから一つ選びなさい。
　① crazy　② difficult　③ pretty　④ smart

問3　下線部(2)の内容として最も適切なものを①〜④のうちから一つ選びなさい。
　① 彼らの学習の仕方の違いで教える内容に差が出る。
　② 彼らの学習の仕方の違いで教え方に差が出る。
　③ 彼らの学習の仕方の違いで教える分量に差が出る。
　④ 彼らの学習の仕方の違いで教えるのにかかる時間に差が出る。

問4　空所(3)に入れるのに最も適切なものを①〜④のうちから一つ選びなさい。
　① how　② what　③ where　④ whether

問5　下線部(4)に最も近い意味のものを①〜④のうちから一つ選びなさい。
　① This is actually related to　② This is actually satisfied with
　③ This is actually thought to　④ This is actually tired with

問6　下線部(5)に最も近い意味のものを①〜④のうちから一つ選びなさい。
　① so that it cannot live with you
　② so that it will allow you to live with it
　③ so that you will allow it to live with you
　④ so that you will make it live with you

問7　本文のタイトルとして最も適切なものを①〜④のうちから一つ選びなさい。
　① The Differences between Cats and Dogs
　② The Friendship between Cats and Dogs
　③ How Cats Learn Faster Than Dogs
　④ How Dogs Learn Faster Than Cats

設問レベル2

要約 空所に適する語句を下の語群から補って，要約文を完成させなさい。ただし，不要な選択肢が含まれている。また，同じ選択肢を2回以上使用することは不可とする。

❶ 猫と犬は [(a)] が異なる。それは猫が犬ほど賢くないというわけでも，犬が猫よりも早く学ぶというわけでもなく，単に [(a)] が異なるのだ。犬や猫の [(a)] は，教える内容に影響を及ぼす。

❷ なぜこれらの動物の [(a)] は異なるのか。野生において [(b)] は [(c)] で生活をしているが，[(d)] は [(e)] で生活しているという事実と関係している。野生の [(b)] の [(c)] 内では，[(f)] である強力な一匹のオスが存在し，その他の [(b)] は [(f)] を満足させるために働く。[(b)] が人の住む家に入るとき，家の人が [(f)] となり，[(b)] はあなたと共に住むのを許可してもらうように，あなたを喜ばせたいと思う。

❸ [(d)] は [(f)] と [(c)] で生活しない。[(d)] があなたの家に住み始めるとき，あなたを [(g)] とみなし，[(d)] はあなたを喜ばせるためにそれほど努力しようとはしない。

語群 同等　集団　ルール　後輩　学び方　猫　犬　単独　ボス

DAY 12

出題校	産業能率大学
語数	362語
難易度	♛♛♕
正解&解説	p. 132

Warming up

次の語(句)の正しい意味を選びましょう。　≫重要語句リストは別 p. 41 参照。

(1) **fulfill**
① 〜を載せる　② 〜を満たす　③ 〜を加える　④ 〜を増やす

(2) **analyze**
① 〜を予言する　② 〜を分析する　③ 〜を計算する　④ 〜を推測する

(3) **economical**
① 経済学の　② 経済の　③ 安価な　④ 高価な

(4) **circumstance**
① 状況　② 円周　③ 理由　④ 半径

(5) **preference**
① 慣れ　② 期待　③ 基準　④ 好み

(6) **attitude**
① 誘導　② 行動　③ 態度　④ 緯度

(7) **attempt to *do***
① 〜しようと試みる　② 〜しようと決心する　③ 〜したいと思う　④ 〜したくない

(8) **alternative**
① 期待の　② 順番の　③ 出生地の　④ 代わりの

(9) **involve**
① 〜を含む　② 〜を回転させる　③ 〜を発展させる　④ 〜を除外する

(10) **psychological**
① 知的な　② 心理的な　③ 行動的な　④ 身体的な

Answers　(1)-②　(2)-②　(3)-③　(4)-①　(5)-④　(6)-③　(7)-①　(8)-④　(9)-①　(10)-②

■ 次の英文を読んで，後の設問に答えなさい。 30min

　The success of any business is derived from its ability to fulfill consumers' needs. Uncovering such needs is a priority for every business decision maker. Collecting and analyzing consumer information in detail may lead to the success of the business. This process is called marketing research.

　However carefully planned, marketing research is not a magic-tool to predict business success. Nevertheless, it enables business people to reduce the chances of taking wrong steps in decision-making.

　Some big companies are wealthy enough to spend billions of dollars on marketing research to grasp buyers' desire and identify target markets. On the other hand, there are other, more economical approaches to understanding what the customers think. There are several types of research methods that can be utilized in different business circumstances as follows:

　Informal research is usually conducted through talking with customers as well as with *retailers or *wholesalers. Through this practice, business leaders are able to find the "hidden wants" of the customers or clients. For example, the owner of a restaurant may talk to customers to check their dining preferences before revising the menu.

　A statistical survey is also widely accepted as a measure to determine customers' attitudes toward products. There are many companies that specialize in this, since a statistical review may help business owners make proper judgments. Producing questionnaires and analyzing the responses are essential parts of a statistical survey.

Test marketing is a common method used when businesses attempt to evaluate new products. After deciding on a region or city as a mock-target market, they start selling a product before the official sales promotion starts. They can obtain first-hand information from customers about the product. If customers' reactions are not as welcoming as expected, the firm may have to find alternative products or different strategies for selling the products. The result may also help the firm select proper promotional tactics.

Motivational research is used to discover the subconscious and emotional aspects of purchasing a product. Conducting such research often involves in-depth interviews designed to identify the psychological profile of consumers. The result of the interviews are often analyzed by psychologists or behavioral scientists experienced in uncovering the hidden motives of consumers.

*retailer: 小売り業者   *wholesaler: 卸売り業者

DAY 12

設問レベル 1　　　　　　　　　　　　　　　　　　　　　　　　　25min | Question level 1

問 1 What is the MAIN IDEA of this passage?
① Marketing research lets businesses clearly see how success can be achieved.
② It's difficult to figure out customers' thinking.
③ Some research methods are already outdated.
④ Marketing research can lead to a better business decision.

問 2 Which statement is NOT TRUE about marketing research?
① Its purpose is to find out customers' needs.
② It involves collecting and analyzing consumer information in detail.
③ Carefully planned research always shows the right step for business leaders.
④ The results of marketing research may not always be true.

問 3 Informal research may include any of the following EXCEPT (　　).
① meeting with people who bought the product or services
② deciding on a mock-target market
③ providing business owners with "uncovered wants" from customers
④ a rather direct approach to the customers

問 4 According to the passage, test marketing (　　).
① is a widely accepted measure to determine customers' attitudes toward products
② uses numerical analysis to understand customers' needs
③ may help companies make questionnaires and promotional tactics
④ is used to check whether a new product sells well as expected

問 5 Based on the passage, which statement is NOT TRUE about motivational research?
① It involves collecting a lot of data from the whole population.
② It is used to find out what consumers are really thinking.
③ It often involves detailed interviews with consumers.
④ Experts on psychology or behavioral science often analyze the interviews.

問6　The paragraph following this passage may be about (　　).
① a successful case of test marketing
② how the alternative tactics are planned
③ restating the value of marketing research
④ examples of businesses that took wrong steps

問7　下線部(A)〜(F)の意味・内容に最も近いものを①〜④のうちから一つ選びなさい。
(A) lead to
　① indicate　② stick to　③ result in　④ result from
(B) grasp
　① hand　② reach　③ give　④ understand
(C) utilized
　① used　② accepted　③ told　④ sold
(D) essential
　① kind　② important　③ difficult　④ easy
(E) obtain
　① object　② have　③ observe　④ get
(F) purchasing
　① selling　② getting　③ buying　④ having

問8　下線部(X), (Y)を和訳しなさい。(Y)に関しては書き出しに続けて和訳しなさい。

(X)

(Y) 統計的な説明が、…

DAY 12

設問レベル2　　5min | Question level 2

要約　空所に適する語句を下の語群から補って，要約文を完成させなさい。ただし，不要な選択肢が含まれている。また，同じ選択肢を2回以上使用することは不可とする。

　　消費者の情報の収集・ (a) が事業の成功につながるかもしれない。この過程を (b) 調査と呼ぶ。この調査により実業家が誤った行動をとってしまう機会を減らすことができる。 (b) 調査にはいくつかのタイプがある。通常，小売業者や卸売業者や (c) とも話すことを通して， (d) 調査が行われている。これによって，顧客や取引先の隠された (e) を見つけることができる。 (f) 調査も，製品への顧客の態度を見つけ出す基準として受け入れられている。市場 (g) は，企業が新製品を評価しようと試みるときに使用される一般的な方法である。模擬の目標市場としてある地域や都市を選んだあと，企業は正式な販売 (h) を始める前に製品を売り始める。 (i) 調査は，製品を購入することに関する (j) 意識や感情の側面を発見するために用いられる。

語群　実験　消費者　潜在　略式　市場　動機　分析　統計　促進　要求　選択　総合　生産者

MEMO

DAY 13

出題校	岡山理科大学
語数	311語
難易度	♛♛♕♕♕
正解&解説	p. 138

Warming up

☐ 次の語の正しい意味を選びましょう。 » 重要語句リストは別 p. 43 参照。

(1) amount
① 量　　② 質　　③ 山　　④ 数

(2) discover
① 〜を覆う　② 〜を期待する　③ 〜を発見する　④ 〜を発達させる

(3) mine
① 〜を私のものにする　　② 〜を爆発させる
③ 〜を採掘する　　④ 〜を渡す

(4) develop
① 〜を改良する　② 〜を組み立てる　③ 〜を期待する　④ 〜を開発する

(5) technology
① 専門知識　② 科学技術　③ 自然科学　④ 哲学

(6) remove
① 〜を動かす　② 〜を埋める　③ 〜を復活させる　④ 〜を取り除く

(7) efficient
① 効率の良い　② 都合の良い　③ 効果的な　④ 熱狂的な

(8) advance
① 革命　② 発達　③ 応用　④ 改良

(9) possible
① 可能な　② 好都合な　③ 不可能な　④ 不都合な

(10) recover
① 〜を覆う　② 〜を発見させる　③ 〜を回復する　④ 〜を改革する

Answers (1)-1 (2)-3 (3)-3 (4)-4 (5)-2 (6)-4 (7)-1 (8)-2 (9)-1 (10)-3

DAY 13

■次の英文を読んで，後の設問に答えなさい。　　30min

　You have probably heard about rare earths recently and (they / how / are / in / many / important / today's high technology / of). But what are they? Rare earth elements or rare earth metals are a set of seventeen chemical elements in the *periodic table. The reason they are called rare earths is that they are not found in large amounts like other metals such as copper or iron. The first rare earth was discovered in 1787 in Sweden. They have been found in places like Brazil, India, China, the USA and other countries. In 2011 a geologist at the University of Tokyo found them in mud on the bottom of the sea in very large amounts. (mine / the technology to / developed / to / however, / them / has / be).

　Rare earths are expensive for two reasons. The first is that they are not found in large quantities to make mining economical. The second reason is that they have to be removed and separated from other minerals. Until efficient separation techniques were developed in the late 1950's and early 1960's they were not used widely. In the past decade, rare earths have become very important to green technology, clean energy and high technology. Some examples of where they are used is in the technologies used in hybrid and electric cars. They are also important in wind turbines and jet engine parts, solar cells and flat panel display screens. They are also used in MRI machines which are used in many hospitals today. (magnets / important / they / because / lighter / make / are / they). They bring color to the touch screens of smart phones.

　Recently, new advances in recycling technology are making it possible to recover rare earths from used electronic products. Rare earths have also recently been found in old piles of dirt and rock left behind when people were mining for gold, silver and copper in the Western United States.

*periodic table: 元素周期表

設問レベル1　　　25min | Question level 1

問1　次の各文について，本文の内容と一致するものにはT，一致しないものにはFと答えなさい。
① Rare earths are a combination of seventeen chemical elements.
② Rare earths are called rare because they are found only in one continent.
③ Rare earths are difficult to mine but easy to separate.
④ Rare earths have been used widely since separation technology were developed.
⑤ Rare earths are important in many high-tech industries.
⑥ Rare earths are found in gold, silver, and copper in the United States.

問2　次の意味を表す英文になるように，下線部(A)〜(C)の（　）内の語（句）を並べかえなさい。ただし，文頭の語も小文字になっている。
(A) それらが現在の最先端科学技術の多くでどれほど重要か。
(they / how / are / in / many / important / today's high technology / of).
(B) しかし，それらを採掘する技術はこれから開発しなければならない。
(mine / the technology to / developed / to / however, / them / has / be).
(C) それらは磁石を軽くしてくれるので重要である。
(magnets / important / they / because / lighter / make / are / they).

問3　なぜレアアースと呼ばれているのか。本文に即して35字以内の日本語で説明しなさい。

DAY 13

問 4 なぜレアアースは高価なのか。その理由を二つ、本文に即してそれぞれ 30 字以内の日本語で説明しなさい。

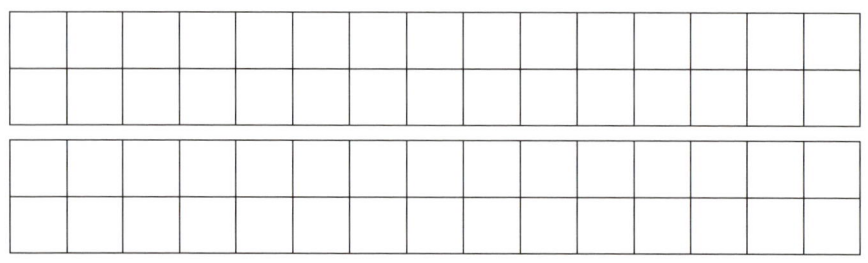

問 5 本文のタイトルとして最も適切なものを①〜④のうちから一つ選びなさい。

① The Mining of Rare Earths
② The Risks of Rare Earths
③ How Rare Earths Are Used
④ The Recovery of Rare Earths

設問レベル2　　　5min | Question level 2

要約　空所に適する語句を下の語群から補って、要約文を完成させなさい。ただし、不要な選択肢が含まれている。また、同じ選択肢を 2 回以上使用することは不可とする。

❶ レアアースは、　(a)　技術にとって重要だ。レアアースと呼ばれるのは、他の金属のように　(b)　に見つからないのが理由だ。レアアースは様々な国々で発見された。また、近年、海底上で大量のレアアースが発見されたが、その　(c)　技術はこれから開発しなければならない。

❷ レアアースは採掘を　(d)　にできるほど大量に発見されていない、他の鉱石から　(e)　しなくてはならないという点で高価である。効率のよい分離方法が開発されるまで、レアアースは広くは使用されていなかった。最近、レアアースは、　(f)　技術、クリーンエネルギーなどで重要である。

❸ 最近では、使用済みの電気製品からレアアースを　(g)　することが可能になりつつある。また、金、銀、銅を採掘していたときに後に残った土や岩の古い　(h)　の中に、レアアースが発見されてもいる。

語群　採掘　安価　高価　統合　分離　堆積　回収　環境保全　大量　最先端科学　環境汚染

DAY 14

出題校　大阪産業大学
語数　286 語
難易度　♛♛♕♕♕
正解＆解説　p. 143

Warming up

次の語の正しい意味を選びましょう。　≫重要語句リストは別 p. 44 参照。

(1) material
① 抽出　② 素材　③ 母性　④ 原因

(2) stretch
① 調整する　② 延長する　③ 運動する　④ 伸びる

(3) amazing
① 成長を感じさせる　② 優美を感じさせる
③ 驚異を感じさせる　④ 疲労を感じさせる

(4) tiny
① かなり幼い　② ごく短い　③ ごく小さい　④ かなり大きい

(5) purpose
① 目的　② 理由　③ 原因　④ 結果

(6) prey
① 味方　② 遊び　③ 敵　④ 獲物

(7) realize
① 〜がよくわかる　② 〜を仮定する
③ 〜が現実になる　④ 〜があまりわからない

(8) confuse
① 〜を安心させる　② 〜を困惑させる　③ 〜を反省する　④ 〜をまとめる

(9) flexible
① いいかげんな　② 硬い　③ しなやかな　④ 安定した

(10) despite
① 〜にもかかわらず　② 〜のために　③ 〜に反対して　④ 〜だから

Answers　1-②　2-④　3-③　4-③　5-①　6-④　7-①　8-②　9-③　10-①

次の英文を読んで，後の設問に答えなさい。　25min

　They weigh almost nothing, yet they are stronger than steel. In fact, some spiders' webs are among the world's strongest materials, but they stretch more than elastic. They can also be any shape. Spider webs are 　(A)　.

　A spider's silk-making organ has hundreds of small openings. Silk comes out of these openings as a liquid, and, as it reaches the air, it becomes thread-like. These tiny threads combine to form a single, solid thread.

　The spider can make many different kinds of thread. The threads can be thick or thin, wet or dry, sticky or woolly. Each kind has a different purpose. Some webs create an egg case — an egg case protects spider eggs until the babies come out. Others provide hiding places. The most 　(B)　 purpose of a spider web, however, is to catch food.

　There are many ways the spider uses its web to catch prey. 　(C)　, some spiders spin a single thread. An insect then sits on it without realizing what it is doing, and becomes stuck. Slowly, the spider moves toward the insect. Suddenly, it covers its prey in silk.

　Argiope spiders use a different kind of trap. They make webs that confuse insects. An insect sees the web and thinks it's a flower. It then lands on the web. The spider can feel even the smallest movement of the

web, and rushes at the insect before it can get away.
(4)

　　Spider webs are so amazing that engineers have been studying them
(Y)
for years. They want to learn why they are so strong and flexible. However, for the moment, spiders are keeping their secrets. Despite their science and technology, humans still haven't been able to copy natural webs.

設問レベル1　　20min | Question level 1

問1　空所(A)〜(C)に入れるのに最も適切なものをそれぞれ①〜④のうちから一つ選びなさい。

(A) ① amazing　② brave　③ difficult　④ unknown
(B) ① best　② common　③ grateful　④ surprisingly
(C) ① As a result　② For example　③ Therefore　④ Yet

問2　下線部(1)〜(4)の意味に最も近いものを①〜④のうちから一つ選びなさい。

(1) ① body part　② form　③ member　④ small matter
(2) ① bite　② have　③ make　④ seek
(3) ① fixed　② lost　③ tired　④ weak
(4) ① disappear　② escape　③ fly　④ shrink

問3　次の質問(ア)〜(ウ)の答えとして最も適切なものを①〜④のうちから一つ選びなさい。

(ア) What is the main idea of this passage?
　① Humans should use spider webs.
　② Spider webs are very scary.
　③ Spider webs can be any shape.
　④ There are different types and uses of spider webs and spider silk.

(イ) How do Argiope spiders catch food?
　① By using sticky threads.
　② By using a single thread.
　③ By making their webs imitate something else.
　④ By hiding behind flowers.

(ウ) Which of the following sentences is true according to the passage?
① All the secrets of spider webs have been discovered recently.
② Some spiders' webs are extremely strong.
③ Some webs look like eggs in which babies hide.
④ Thick, wet, sticky threads are stronger than thin, dry, woolly ones.

問4　下線部(X), (Y)を和訳しなさい。

設問レベル2　　5min | Question level 2

要約　次の表は，本文の段落構成と内容をまとめたものである。(a)〜(d)に入れるのに最も適切なものを，下の①〜⑤のうちから一つずつ選び，表を完成させなさい。ただし，同じものを繰り返し選ぶことは不可とする。

Paragraph	Contents
1	The Amazing Materials of Spiders' Webs
2	((a))
3	((b))
4	((c))
5	((d))
6	Engineers' Interest in Spider Webs

① The Way a Spider Catches an Insect
② The Ways Spiders Make Threads
③ A Different Kind of Trap by Spider Webs
④ Different Kinds of Threads and Their Purpose
⑤ Different Kinds of Spiders

MEMO

DAY 15

出題校	近畿大学
語数	361語
難易度	♛♛♛
正解&解説	p. 148

Warming up

☐ 次の語(句)の正しい意味を選びましょう。　》重要語句リストは別 p. 45 参照。

(1) consumer
　① 生産者　② 経験者　③ 消費者　④ 犠牲者

(2) affect
　① 〜に集中する　② 〜に影響する　③ 〜に配達する　④ 〜に分離する

(3) environment
　① 場面　② 状況　③ 自然　④ 環境

(4) whereas
　① そして　② または　③ それに対して　④ そこから

(5) crops
　① 農作物　② 野菜　③ 肉　④ 果物

(6) raise
　① 〜を加える　② 〜を置く　③ 〜を生み出す　④ 〜を育てる

(7) estimate
　① 〜を査定する　② 〜を推定する　③ 〜を想定する　④ 〜を決定する

(8) atmosphere
　① 大気　② 天候　③ 気候　④ 気体

(9) exclude
　① 〜を閉じる　② 〜を表現する　③ 〜を含んでいる　④ 〜を排除する

(10) be concerned about
　① 〜について気付いている　② 〜について期待している
　③ 〜について関心を持っている　④ 〜について感動している

Answers (1)-3 (2)-2 (3)-4 (4)-3 (5)-1 (6)-4 (7)-2 (8)-1 (9)-4 (10)-3

Recently, researchers from the Union of Concerned Scientists in the U.S. released a report on how consumer behavior affects the environment. Their study showed that meat consumption is one of the main ways that humans can damage the environment, second only to the use of motor vehicles.

So, how can a simple thing like eating meat have a negative effect on the environment? The most important impact of meat production is through the use of water and land. Two thousand five hundred gallons of water are needed to produce one pound of beef, whereas only twenty gallons of water are needed to produce one pound of wheat.

By producing crops instead of animals, we can make more efficient use of the land and water. One acre of farmland that is used for raising livestock can produce 250 pounds of beef. One acre of farmland used for crops can produce 40,000 pounds of potatoes, 30,000 pounds of carrots, or 50,000 pounds of tomatoes.

Furthermore, farm animals add to the problem of global warming. All livestock animals such as cows, pigs, and sheep release *methane by expelling gas from their bodies. One cow can produce up to sixty liters of methane each day. Methane gas is the second most common greenhouse gas after carbon dioxide. Many environmental experts now believe that methane is more responsible for global warming than carbon dioxide. It is estimated that twenty-five percent of all methane released into the atmosphere comes from farm animals.

People are becoming aware of the benefits of switching to a vegetarian diet, not just for health reasons, but also because it plays a vital role in protecting the environment. Some people go further, and eat a vegan diet, which excludes all products from animal sources, such as cheese, eggs, and milk. However, some nutritionists believe that a vegan diet can be deficient in some of the vitamins and minerals that our bodies need daily.

Today, many people are concerned about improving their health, and about protecting the environment. Switching to a vegetarian diet — or just eating less meat — is a good way to do both of these things at the same time.

*methane: メタンガス

DAY 15

設問レベル1　　　　　　　　　　　　　　　　　　　🕐 20min | Question level 1

問1　本文の第1段落の内容に合うものとして最も適切なものを①〜④のうちから一つ選びなさい。
① Behavior other than eating meat or driving motor vehicles damages the environment most.
② Motor vehicle use is not seen as the major behavior that damages the environment.
③ The human consumption of meat is the second most damaging behavior on the environment.
④ The scientific study says that motor vehicles do less damage to the environment than eating meat.

問2　本文の第2段落の内容に合うものとして最も適切なものを①〜④のうちから一つ選びなさい。
① Eating beef has a harmful effect on water usage but not on land usage.
② Far less water is used in the production of wheat than in the production of meat.
③ Producing meat requires much water, but the amount of water needed is unknown.
④ The amount of water used in producing beef does not have a negative effect on the environment.

問3　本文の第3段落の内容に合うものとして最も適切なものを①〜④のうちから一つ選びなさい。
① Altogether 120,000 vegetables can be produced from one acre of land.
② Less land is needed to produce 40,000 pounds of potatoes than to produce 50,000 pounds of tomatoes.
③ More pounds of tomatoes can be produced than beef using the same sized area.
④ Raising livestock is just as efficient a way of using the land as producing crops.

問4　本文の第4段落の内容に合うものとして最も適切なものを①〜④のうちから一つ選びなさい。
① Farm animals are responsible for nearly all of the methane released into the atmosphere.
② Many experts on global warming believe that methane has a greater effect than carbon dioxide on the environment.

③ The expelling of gases such as methane by cows has little or no effect on global warming.
④ The methane gas released by farm animals accounts for more than half of the methane released into the atmosphere.

問5 本文の第5段落の内容に合うものとして最も適切なものを①〜④のうちから一つ選びなさい。
① A person on a vegan diet does not eat any product that comes from an animal.
② A person on a vegan diet does not eat meat, but drinks milk.
③ People are switching to a vegetarian diet mostly to protect the environment and not for health reasons.
④ Some nutritionists point out that people who only eat vegetables will get all the vitamins needed.

問6 本文の第6段落の内容に合うものとして最も適切なものを①〜④のうちから一つ選びなさい。
① A vegetarian diet is for people who worry about the environment but not their own health.
② Not eating as much meat both protects the environment and improves people's health.
③ People who are concerned with their health will increase their meat consumption.
④ Switching to a vegetarian diet is the only way to protect our environment and health.

問7 本文の内容に合うものを①〜⑦のうちから二つ選びなさい。
① Eating meat has a bad effect on the earth's environment.
② Both the use of land and water for raising cows are considered to be beneficial to the environment.
③ Producing a pound of wheat is as hard on the environment as producing a pound of beef.
④ Carbon dioxide is now thought to be the only cause of global warming by environmental experts.
⑤ Not many experts can agree on the effect that methane has on the environment.
⑥ Greater health awareness as well as concerns about the environment has led more people to eat less meat.
⑦ People on a vegetarian diet eat nothing but parts of animals.

DAY 15

設問レベル2　　5min | Question level 2

要約　空所に適する語句を下の語群から補って，要約文を完成させなさい。ただし，不要な選択肢が含まれている。また，同じ選択肢を2回以上使用することは不可とする。

(a) が環境破壊につながっている。家畜による (b) ， (c) ， (d) がその原因である。 (e) を増やし， (f) することで，現状は改善されることだろう。

語群　　肉の消費　　土地の効率的な使用　　水不足　　水の大量使用　　土地の非効率的な使用
　　　　　肉食を採用　　菜食に変更　　作物の生産　　メタンガスの放出

MEMO

正解 & 解説

【 掲載英文の出典一覧 】

DAY 1	高校入試問題（栃木県・2015年）
DAY 2	高校入試問題（長野県・2014年）
DAY 3	高校入試問題（愛知県・2015年）
DAY 4	高校入試問題（宮崎県・2014年）
DAY 5	高校入試問題（東京都立進学指導重点校・2015年）
DAY 6	著者によるオリジナル英文を使用
DAY 7	著者によるオリジナル英文を使用
DAY 8	著者によるオリジナル英文を使用
DAY 9	著者によるオリジナル英文を使用
DAY 10	著者によるオリジナル英文を使用
DAY 11	"Reading for Speed and Fluency 1" by Paul Nation & Casey Malarcher, Compass Publishing
DAY 12	"Marketing Research" <Essential Academic English Skills> by Hidetoshi Matsuo, Macmillan Language House, 2013
DAY 13	出題校によるオリジナル英文を使用
DAY 14	"Reading ADVENTURES 3" by Carmella Lieske & Scott Menking, CENGAGE Learning, 2013
DAY 15	"Active Skills for Reading Book2" by Neil.J.Anderson, Heinle Cengage Learning

DAY 1 | 紙の発明と発展

正解

設問レベル1 問1 (ア)-② (イ)-③ (ウ)-① 　問2　people used other things to write on　問3　箱を作るのに，紙では柔らかすぎるので，プラスチックや金属を使うほうがよいと考える人たちもいる。　問4　can make paper strong / put many pieces of paper　問5　they may make our lives better　問6　against　問7　①-T　②-F　③-F　④-F　⑤-T
設問レベル2 (a)-強度　(b)-再利用　(c)-処分　(d)-防水　(e)-防火　※(b)と(c)，(d)と(e)は順不同。

解き方

問1 (ア)-②　"to make paper from trees" は the way を修飾する**形容詞的用法の不定詞句**である。②も "to drink" が something を修飾する形容詞的用法の不定詞句である。

(イ)-③　"to make cardboard boxes" は「目的（～するために）」を表す**副詞的用法の不定詞句**である。③の "to play tennis" も「テニスをするために」という意味で，「目的」を表す副詞的用法の不定詞句である。

(ウ)-①　"it is easy to carry them" の it は**形式主語**で，**意味上の主語**が "to carry them"「それら（＝段ボール箱）を運ぶこと」である。主語になれるのは名詞であるから，この不定詞句は**名詞的用法の不定詞句**ということになる。①の "to be a doctor in the future" は want の目的語の働きをする名詞用法の不定詞句である。

ポイント

不定詞の三用法
» 不定詞には**名詞的用法・形容詞的用法・副詞的用法**の三つの用法がある。
1. **名詞的用法**…文の**主語・補語・目的語**になる。
   (a) I want to be a doctor.「私は**医者になることを**望んでいる」（下線部は want の目的語となっている）
2. **形容詞的用法**…直前の名詞を修飾する。
   (b) I have a lot of homework to do.「私は**すべき**宿題がたくさんある」（下線部は名詞 homework を修飾している）
3. **副詞的用法**…動詞・形容詞などを修飾し，**目的・感情の原因**などを表す。
   (c) I went to the park to play tennis.「私は**テニスをするために**公園に行った」（下線部は公園に行った**目的**を表している）
   (d) I was surprised to hear the news.「私は**その知らせを聞いて驚いた**」（下線部は surprised という**感情が生まれる原因**を表している）

問2 people used other things to write on　下線部(1)の直前にある "Before then"「それ以前は」をヒントに，下線部の意味を推測する。then「その時」とは，前文で述べられている「紙が発

明された，およそ 2000 年前」のことなので，Before then は「紙が開発される以前は」ということになる。これにより，下線部は「人々は紙以外のものに書いていた」といった内容になると推測でき，さらに与えられた語群から「人々は書くのに他のものを使っていた」という構造の英文を考える。主語には people，動詞には used，used の直後には other things を目的語として置き，

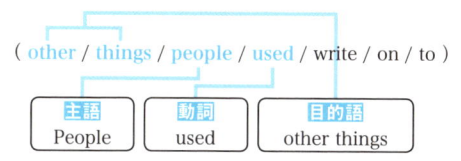

(other / things / people / used / write / on / to)

主語	動詞	目的語
People	used	other things

残った語からは to write on というカタマリを作る。このカタマリは other things を修飾する形容詞的用法の不定詞句としてその直後に置く。

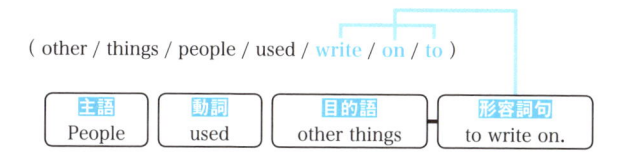

(other / things / people / used / write / on / to)

主語	動詞	目的語	形容詞句
People	used	other things	to write on.

ポイント
to 不定詞＋前置詞
≫ to write on の on は必要なのかを考えてみよう。
形容詞的用法の不定詞は直前の名詞を修飾する。修飾される名詞と不定詞との関係に注目しよう。
❶ someone to love me「私を愛してくれる人」▶ someone と love は**主語＋動詞**の関係。
 cf. **Someone loves me.**「誰かが私を愛している」
❷ something to eat「食べる物」▶ eat と something は**動詞＋目的語**の関係。
 cf. You'd better **eat something.**「何か食べたほうがいい」
❸ something to write with「書くもの（＝鉛筆，ペンなど）」▶ write と something は**動詞句＋前置詞の目的語**の関係。
 cf. You can **write with this pen.**「このペンを使って書いてよい」
other things to write on も❸の関係にある。on は write on a piece of paper「紙切れ（の上）に書く」の on と同じで，本問では「（紙）以外の書くもの」という意味を表している。

問3 「正解」参照　and が何と何をつないでいるかを見抜くことがポイント。and は基本的に**同じ形のものをつなぐ**が，本問では❶ "that paper ~ box" と❷ "that it is better ~ metal" の二つの that 節をつないでいる。これらの that 節は動詞 think の目的語の働きをしている。

❶の that 節中には "too ~ to *do* (...)" という形があり，これは「…するには～すぎる」という意味を表す。したがって，❶は「紙は箱を作るには柔らかすぎる」などと訳す。❷の that 節中には "it is ~ to *do* (...)" という形がある。この it は**形式主語**で，**真の主語**は "to use plastic or metal" であるから，❷は「（紙よりも）プラスチックや金属を使うほうがよい」となる。

DAY 1

ポイント

too ~ to do (...)
≫ 副詞 too は「あまりに~すぎる」という意味。続く不定詞はこの too を修飾して，「…するには~すぎる」という意味になる。too には否定的な含意があるので，頭から「~すぎて…できない」と訳してもよい。
This bag is **too** heavy **to carry**.「このかばんは**運ぶには重すぎる**（重すぎて運べない）」

形式主語
≫ 名詞的用法の不定詞を主語にする場合，そのまま主語の位置に置くと主語が長くなりがちになる。英語ではふつうそれを避けてとりあえず it を仮の主語（**形式主語**）として置き，真の主語となる不定詞は文末にまわす。

<u>To use plastic or metal</u> is better.
　　　　　↓
It　　　 is better <u>to use plastic or metal</u>.

it は形式上の主語にすぎないので「それ」などと訳さないこと。

問4 we can make paper strong when we put many pieces of paper together　下線部(3)の直前にある but をヒントに，下線部の意味を考えていく。直前には "these things ~ paper"「これらのもの（＝プラスチックや金属）は紙よりも強い」とあり，その直後に逆接を表す接続詞 but がきているので，but 以下は「しかし，紙も強い」というような内容になると考えられる。

　次に，下線部の最後の単語 together と，与えられた語群の put に目をつけ，"put ＋ **O** ＋ together"「**O** をまとめる」という表現を思い浮かべる。これを手がかりにし，また語群に many があることから when 以下は「私たちが多くの紙をまとめると」となると推測する。paper 自体は不可算名詞なので，「多くの紙」と表現する場合は "many pieces of paper" とする。これらを合わせると，when 以下は "when we put many pieces of paper together" となる。

　残った2語から，when よりも前の部分は we can make paper strong「私たちは紙を強くすることができる」となる。この make は "make ＋ **A** ＋ **B**"「**A** を **B** にする」の make である。(we can make) strong paper という語順だと「丈夫な紙」，すなわち最初から丈夫な性質を持った紙のことを意味する。本文では，柔らかいものである紙を丈夫にすることが話題の中心であるので，この語順は不適切となる。

問5 they may make our lives better　与えられた語のうち，まず主語になる they に目をつける。そして代名詞の場合は何を指しているかを考える。本問では直前の "these new kinds of paper" を指していることが容易に推測できるだろう。

　続く動詞は may make である。もし they are としてしまうと，they are better までは続けられても，それ以上文を続けることができない。ここでは，問4と同様，"make ＋ **A** ＋ **B**"「**A** を **B** にする」の形を念頭に置いて，make our lives better「私たちの生活をよりよくする」とする。下線部全体は「これらの新しい種類の紙が，私たちの生活をよりよいものにしてくれるだろう」という意味になる。不要な語は are。

問6 against それぞれの空所の直後の文が大きなヒント。最初の空所の直後は「雨の中や，水中でもそれに書くことができる」と書かれている。ということは，最初の空所を含む文は「水に対して強い（＝耐水性がある）紙がある」という意味になると推測でき，空所には「〜に対して」という意味の前置詞が入ると考えられる。同様に，二つ目の空所の直後は「この種類の紙は家の壁紙として用いる」となっており，二つ目の空所を含む文は「火に対して強い（＝耐火性がある）紙がある」という意味になると推測できる。「〜に対して」という「対抗」の意味を持つ前置詞 against を語群から選べばよい。

問7 ①-T ②-F ③-F ④-F ⑤-T

① 「人々は文字を書くのに紙ほど適したものはないと思った」は，本文 ll.4 〜 5 の "people thought 〜 for writing" と合致。
② 「段ボール箱はとても強度があるので，私たちはそれをプラスチックの代わりに使うことができる」は本文に記述なし。
③ 「リサイクルしやすいので，多くの人は金属よりも段ボール箱を好む」は，「リサイクルしやすい」という理由から金属よりも段ボール箱を好む，という記述なし。
④ 「耐水と耐火の両方の性質を備えた紙がある」に関しては，「耐水」，「耐火」それぞれの性質のみを持つ紙があることは述べられているが，その両方の性質を備えた紙については本文に記述なし。
⑤ 「水の中で字が書けるタイプの紙がある」は，本文 ll.15 〜 16 の "We can write on it 〜 in the water." と合致。

読み下し訳 ≫完全和訳文は別 p. 3 参照。

❶ About 2,000 years ago, a man in China developed the way to make paper from trees.
およそ2,000年前 /中国のある人が /開発した /紙を作るための方法を /木から。

Before then, people used other things to write on. People tried to write on many things,
それ以前は /人々は使っていた /他の書くものを。 /人々は書こうとした /多くのものの上に

like rocks or the skin of animals. Later, people thought that paper made from trees
/岩とか /あるいは動物の皮とか。 /後々 /人々は思った [〜と /木から作られた紙が

was the best for writing, and people started using it.
/書くことに最も適している] /そして /人々は使い始めた /それを。

❷ As you know, we use paper for books, newspapers, or paper cups. We also use it to make
あなたが知っているように /私たちは使う /紙を /本や新聞や紙コップに。 /私たちはまたそれを使う /作るために

cardboard boxes. Some people think that paper is too soft to make a box and that it is better
/段ボール箱を。 /考える人もいる [〜と /紙は柔らかすぎる /箱を作るのには] /そして[〜と /よりよい

to use plastic or metal. Actually, these things are stronger than paper, but we can make paper
/使うことが /プラスチックや金属を]。 /実際 /これらのほうが丈夫である /紙よりも /しかし /私たちはする ことができる /紙を

DAY 1

strong when we put many pieces of paper together. When we finish using cardboard boxes,
/丈夫に 〈〜とき / 私たちが合わせる /何枚もの紙を〉。 〈〜とき /私たちが使い終える /段ボール箱を〉

we can easily recycle and dispose of them. Also, they are light and it is easy to carry them.
/私たちは簡単にリサイクルできる /そして処分する(ことができる) /それらを。 /また /それらは軽く /そして簡単である /運ぶことが /それらを。

These are their good points.
/これらはそれらの良い点である。

❸ Do you know "high performance paper"? This is special paper.
/あなたは知っていますか /「高性能紙」を。 /これは特殊な紙である。

There are many kinds of "high performance paper" in the world. For example, there is paper
/多くの種類の「高性能紙」がある /世界には。 /例えば /(which 以下のような)紙がある

which is strong against water. We can write on it in the rain or in the water. There is paper
/(それは丈夫である /水に対して)。 /私たちは書くことができる /その上に /雨の中でも /あるいは水の中でも。 /(which 以下のような)紙がある

which is strong against fire. We use this kind of paper as wallpaper in houses.
/(それは丈夫である /火に対して)。 /私たちは使っている /こういう種類の紙を /壁紙として /家の中の。

Some companies are developing new kinds of high performance paper.
/一部の企業では開発中である /新しい種類の「高性能紙」を。

These new kinds of paper are useful and they may make our lives better. What can we do
/こういった新しい種類の紙は便利である /そしてそれらはするかもしれない /私たちの生活を /より良く。 /私たちは何ができるだろうか

with "high performance paper" in the future?
/「高性能紙」を使って /将来。

構文解説

＊1 Later, people thought that paper made from trees was the best for writing, and people started using it.

» thought that の that 節はカンマまで。"people thought . . ." と "people started . . ." の二つの節が and でつながれている。

Later, people thought that paper . . . was the best for writing,
　　　　　S₁　　　V₁　　　　　　　　O₁

　　　and

people started using it.
　　S₂　　V₂　　　O₂

» that 節中の made from trees「木から作られた」は paper にかかっている。

　　　　形容詞句
paper (made from trees) 「木から作られた紙」

» 文末の it は paper made from trees を指している。

＊2 As you know, we use paper for books, newspapers, or paper cups.

» ここでの接続詞 as は「〜のように」という意味で、as you know で「ご存知のように」という副詞節を作っている。接続詞 as には「〜のように」以外にも下記のような意味などがある。

❶ As I entered the room, they were surprised. 「私が部屋に入ったとき、彼らは驚いた」

❷ As I didn't have any money, I couldn't buy anything. 「私はお金がなかったので、何も買うことができなかった」

❸ As it grew darker, it became colder.「暗くなるにつれて，寒くなった」
≫ この文では books，newspapers，paper cups が並列関係にある。三つのものを列挙する際は，"**A, B, or [and] C**" というような書き方をするのが一般的。
　❶ A, B, or C「A か B か C」　❷ A, B, and C「A と B と C」

※3 **When we finish using cardboard boxes, we can easily recycle and dispose of them.**
≫ "When ~ boxes" は接続詞 when が導く「時」を表す副詞節。"we can . . ." が主節になる。
　副詞節　　　　　　　　　　　　　　主節
　〈When we finish using cardboard boxes,〉we can . . . .

when が表す「時」は瞬間の場合もあれば，ある程度の長さを伴う時間・期間である場合もある。
❶ when I entered the room「私が部屋に入ったとき」【瞬間】
❷ when I was young「私が若かったとき」【期間】
瞬間の場合，主節と同時の場合もあれば，「A してから B した」のように連続した動作を表す場合もある。
❸ When I entered the room, he was watching TV.「私が部屋に入ったとき，彼はテレビを見ていた」【同時】
❹ When I entered the room, I turned on the TV.「私が部屋に入ると，テレビのスイッチを入れた」【連続】

※3 の場合は❹に相当し，「…使い終わったら」のように解釈するとよい。"when =「～するとき」，finish =現在時制" だからといって「…終わるとき」と訳すと不自然な日本語になる。
≫ when 節内の finish は目的語に動名詞 (-ing) をとる代表的な動詞で，"finish using" で「使い終わる」と解釈する。
≫ 主節は述部の "recycle" と "dispose of them" が and でつながる並列関係にある。
　we can easily recycle
　　　　　　　　V₁
　　　　　　　　and
　　　　　　　dispose of them
　　　　　　　　V₂

※4 **We can write on it in the rain or in the water.**
≫ 代名詞の it は前文の "paper which is strong against water"「耐水性の紙」を指している。
≫ or は "in the rain" と "in the water" という副詞句をつないでいる。
　　　　　　　　　　　　　副詞句
　We can write on it ┬ (in the rain)
　　　　　　　　　　│   or
　　　　　　　　　　│ 副詞句
　　　　　　　　　　└ (in the water).

"A or B" の基本は「A か B かどちらか」であるが，**※4** では「A でも B でも」という「譲歩」の意味を表している。

※5 **We use this kind of paper as wallpaper in houses.**
≫ 文構造は次の通り。
　　　　　　　　　　　　　　　副詞句　　　形容詞句
　We use this kind of paper (as wallpaper (in houses)).
　S   V　　　O

この as は **※2** の as とは品詞が異なり，前置詞の as である。前置詞の as は「～として」と訳されることが一般的である。ここでは "use A as B" という形で「A を B として使用する」という意味である。

DAY 2 | ランナー金栗四三

正解

設問レベル1 問1 (A)-② (B)-④ (C)-① (D)-③　問2 厳しい暑さの中,多くの坂道を走って上り下りすることは非常に大変だったから。(37字)　問3 ③　問4 ②　問5 オリンピックのスタジアムを走り,ゴールラインを切るよう求められたから。(35字) [別解 予期せず,オリンピックスタジアムを走り,ゴールするよう求められたため。(35字)]　問6 ①-T ②-F ③-F ④-T ⑤-T

設問レベル2 (a)-半数　(b)-天候　(c)-棄権　(d)-坂道　(e)-記念式典

解き方

問1 (A)-② 直後の文の "one of them"「そのうちの一人」がヒント。them は選択肢②の two members を指している。

(B)-④ 空所の直前・直後は,四三がマラソンをリタイアする話で,空所の直前で「走り続けられず,止まってしまった」とあるので,「ある家族が世話をした」という内容を続ければ自然。

(C)-① 空所の直後に,「彼は多くのことをし始めた」とあり,その具体例が続いている。空所の前では,「足の速いランナーになりたかったから,必死に練習をし始めた」といった内容があるが,四三が,自分の練習をしただけではなく,若いランナー向けのレースや箱根駅伝を開催していることから,空所には,そのようなことをし始めた理由が入ると推測できる。よって,「彼(四三)は日本でマラソンの人気を高めたかった」が入る。

(D)-③ 空所の前後に,四三がオリンピックスタジアムを走ってゴールテープを切るよう求められたことと,スタジアムでの四三のマラソンタイムの発表があったことが書かれていることから,空所には「四三は1912年のオリンピックのレースを終えた」が最適。

問2 「正解」参照　下線部(1)の直前の4文の内容をまとめればよい。設問に「具体的に」とあるので,当日の天候やマラソンコースの様子もきちんと盛り込む。❶大変暑い日だった,❷厳しい天候の中走ることは非常に大変だった,❸多くの坂道を上り下りするのも非常に大変だった,の3点を制限字数以内でまとめる。

ポイント

理由を答える問題

» 「~はなぜですか」というような理由を問う設問は,「理由となる箇所を本文中から探し出し,その部分を訳し,まとめる」という手順で解く。理由は必ず本文中に書かれてあるので(ふつう問題となっている箇所のすぐ前後にある),自分で勝手に理由を考えないことがポイント。

問3 ③ 前文に「彼はレースに戻れなかった」とあることから，空所を含む文は「マラソンレースは終わってしまった」となると推測する。選択肢の中で「終わって」という意味を表せるのは over である。

問4 ② 空所を含む部分が「1912年のオリンピックの⬜︎⬜︎式典」となっていることから，ここは「記念式典」を表す memorial event とするのが適切。ちなみに international を選んでしまうと，この段落が「オリンピック後55年たって，彼（四三）は1912年のオリンピックの国際的な式典に参加するよう求められた」となって，時代がめちゃくちゃになる。

問5 正解 参照 下線部(4)の直後に「驚いた」理由が書かれてあるので，その内容をまとめる。「オリンピックのスタジアムを走り，ゴールラインを切るよう求められた」という点を盛り込むこと。なお，この「求められた」内容が「予想外」「想定外」だったから，というまとめ方でも良い（別解 参照）。

問6 ①-T ②-F ③-F ④-T ⑤-T
① 「ストックホルムオリンピックに参加したランナーの半分しかレースを終えることができなかった」は，本文 ll.7〜8 "Sixty-eight runners 〜 the race,"（下線部(1)）の内容と合致。
② 「四三が金メダルを獲得できなかったので，多くの日本人はショックを受けた」。「多くの日本人がショックを受けた」という記述は本文にはない。
③ 「四三は若いランナーがオリンピックで良い走りができるように，彼らを指導した」という記述は本文にはない。
④ 「日本の若いランナーたちは坂道を上り下りすることに慣れる必要がある，と四三は考えた」は，本文 ll.16〜17 "He thought young runners 〜" の部分と合致。
⑤ 「スウェーデンから手紙を受け取ったとき，四三はオリンピックのスタジアムで走ることになるとは思っていなかった」は，最終段落の内容と一致。ll.22〜23 に "Shizo was surprised. He was asked to run 〜" とあり，「四三は驚いた」ということから，それが予期せぬ出来事であったと判断できる。

読み下し訳　≫完全和訳文は 別 p.5 参照。

❶ About 100 years ago, Japan joined the Olympics in Stockholm, Sweden.
およそ100年前／日本は参加した／スウェーデンのストックホルムでのオリンピックに

It was the first Olympics that Japan joined.　There were only two members on the team.
それは最初のオリンピックだった（（それに）日本が参加した）。　たった2人の選手しかいなかった／そのチームには。

Mr. Kanakuri Shizo was one of them.　He was a very fast marathon runner.
金栗四三さんはその一人だった。　彼は非常に速いマラソンランナーだった。

#1 Many people in Japan thought he could win the race in the Olympics.
多くの人々（日本の）は思った［彼は勝つことができるだろうと／オリンピックのこのレースに］。

DAY 2

❷ The marathon was held on July 14, 1912. It was a very hot day. It was very difficult to run in severe weather. The runners ran up and down many hills. It was very hard for them. Sixty-eight runners joined the marathon but only thirty-four were able to finish the race. Shizo ran very hard. But after he ran up a hill and ran about twenty-seven kilometers, he couldn't keep running and stopped. A family by the road took care of him. He couldn't return to the race. The marathon race was over.

❸ When Shizo returned to Japan, he really wanted to become a faster runner. He started to practice very hard. He also wanted to make marathons popular in Japan. He started to do many things. For example, he held new races for young runners. The Hakone Ekiden was one of them. He still remembered his race in Stockholm. It was very hard for him to run up and down the hills there. He thought young runners should run up and down hills a lot. Hakone was a good place because it had hills.

❹ One day, 55 years after the Stockholm Olympics, Shizo got a letter. It was from Sweden. He was asked to join the memorial event of the 1912 Olympics.

❺ In Stockholm, Shizo was surprised. He was asked to run in the Olympic Stadium and cross the finishing line. All the people there watched the old Japanese runner. Shizo finished his race from the 1912 Olympics. Then they heard the announcement: "Mr. Kanakuri of Japan

has just finished the marathon. The time was 54 years, 8 months, 6 days, 5 hours, 32 minutes
/今まさに終えました   /マラソンを。   /タイムは〜でした /54年   /8か月   /6日   /5時間   32分

and 20.3 seconds. This is the end of the 1912 Stockholm Olympics. Thank you."
/20.3秒。   これにて終わります   /1912年のストックホルムオリンピックを。   ありがとうございました」

構文解説

※1 Many people in Japan thought he could win the race in the Olympics.
» 文構造は次の通り。

Many people (in Japan) thought [(that) he could win the race in the Olympics].
　　S　　　形容詞句　　　 V　　　　名詞節　　　　　　　　　O

thought と he の間には接続詞の that が省略されており、"(that) he could win the race in the Olympics" は名詞節を作っている。

※2 But after he ran up a hill and ran about twenty-seven kilometers, he couldn't keep running and stopped.

» after は接続詞で、"after 〜 kilometers" は副詞節となる（But も接続詞だが等位接続詞で、従位接続詞である after と働きが異なる）。

But ⟨after he ... kilometers,⟩ he couldn't ....
　　　副詞節　　　　　　　　　　主節

» after 節の中は "ran up a hill" と "ran about twenty-seven kilometers" が and でつながれている。
　he ran up a hill
　　　V₁
　　and
　　ran about twenty-seven kilometers
　　　V₂

» 主節は "couldn't keep running" と "stopped" が and でつながれている。
　he couldn't keep running
　　　　　V₁
　　and
　　stopped
　　　V₂

※3 It was very hard for him to run up and down the hills there.
» 文構造は次の通り。

It was very hard ⟨for him⟩ to run up and down the hills there.
(S) V　　C　　　副詞句　　　　　　S

文頭の "It" は形式主語で、意味上の主語は "to run 〜 the hills there"「そこの坂道を走って上り下りすること」。"for him [= Shizo]" は very hard にかかって「彼にとっては（とても辛かった）」という意味の副詞句。「そこ [=ストックホルム] の坂道を上り下りする」行為について、「Shizo にとってはとても辛いことだった」と述べている。

※4 He was asked to run in the Olympic Stadium and cross the finishing line.
» and がつなぐものは "run ..." と "cross ..." である。

He was asked to ┌ run in the Olympic Stadium
　　　　　　　　│　　and
　　　　　　　　└ cross the finishing line.

DAY 3 | 農業に対する意識の高まり

> **正解**
>
> **設問レベル1** 　**問1**　地産地消とは「農作物が生産された場所でその農作物を消費すること」を意味する。　**問2**　人々が地元の農家を金銭的に支援し，その地元の農家から果物や野菜を得るという仕組み。　**問3**　農作物の生産農家がわかる。農作物が新鮮でおいしい。消費者が農薬を使わない農家を選べる。　**問4**　③　**問5**　②-④-③-①　**問6**　①-F　②-T　③-F　④-F　⑤-T
>
> **設問レベル2** 　(a)-安全　　(b)-地元　　(c)-新鮮　　(d)-無農薬　　(e)-益虫

> **解き方**

問1　「正解」参照　this は前文の内容を指すことが多く，ここでは前文の「地産地消」を指している。"that has produced them" は the area を先行詞とする関係代名詞節であり，この節内の them は the farm products である。この部分を直訳すると，「その農作物を生産した場所」となるが，「農作物が生産された場所」とすると自然な日本語になる。

問2　「正解」参照　CSA の説明は，l.12 の "People give some money ~" から段落の終わりまでである。具体的に説明する必要があるので，In other words 以下の部分だけでなく，"people give some money ~" の部分も踏まえるべきである。解答のポイントは，❶人々が地元の農家を金銭的に支援する，❷その地元の農家から果物や野菜を得る，の2点を含めることである。

問3　「正解」参照　l.15 "*Chisanchisho* and CSA have some good points for people." から始まる段落に着目する。good points とは設問文にある「利点」のことである。この段落には "First, ~", "Second, ~", "In addition, ~" という「三つ」の目印があるので，これらの部分をまとめれば良い。それぞれ，「農作物の産地が分かる」，「農作物が新鮮でおいしい」，「消費者が農薬を使わない農家を選べる」という内容になっている。なお，"Second, ~" の文の because 以下は「農作物が新鮮でおいしい」という利点を生み出す原因に当たる部分なので，特に解答に含めなくてよい。

問4　③　空所の直前を読むと，「農薬を使用しない農家がいる」という内容なので，空所を含む文も「農薬を使わずに」という意味になるだろうと推測できる。Instead of を入れれば，"Instead of ~, they use ..." で「～の代わりに…を使う」となり，自然なつながりになる。なお，選択肢②の In spite of は「～にもかかわらず」という意味で，これを空所に入れてしまうと，「農薬にもかかわらず」となり文がつながらない。

DAY 3

問5 ②-④-③-① insect pests は「害虫」のことであるが，知らなくとも，選択肢③に「theyは plant lice を食べるのが好き」とあり，選択肢④には「農家は ladybugs を使う」とあるので，"ladybugs" が「益虫」であるのに対して，"plant lice" は「害虫」だと推測できる。このことから，与えられた出だしの文に続くのは選択肢②「農家が何もしなければ，多くの野菜はそれら（= plant lice）によって食べられてしまうだろう」と判断できる。これを受ける形で，選択肢④の "So ~"「したがって～」と続く。なぜ ladybugs を使うかというその理由として選択肢③が来て，最後に選択肢① "As a result ~"「その結果～」と結べばつながりがよくなる。

問6 ①-F ②-T ③-F ④-F ⑤-T
① 「最近は，食の安全に対する意識の高まりから，ますます多くの人が農業をするようになっている」は，「ますます多くの人が農業をしている」という記述が本文にない。
② 「地産地消と CSA は，消費者が自身の住む地域で生産された農作物を得るという点が似ている」は，本文第 3，第 4 段落の内容に合致。ちなみにこの文の "in that ~" は「～という点で」という意味である。
③ 「化学薬品を使用せず栽培された果物や野菜はより新鮮で，よりおいしい」という記述は本文にない。
④ 「農薬を使うよりも費用が安いので，昆虫を使用する農家もある」という記述は本文にない。
⑤ 「筆者は，私たちは生活を改善するために，自分が食べるものにもっと注意を払うべきだと提案している」は最終段落の内容と合致。

読み下し訳　≫完全和訳文は別 p. 7 参照。

❶ Agriculture is very important. Through agriculture, a lot of foods are produced, so
／農業は非常に重要である。　／農業を通じて　／多くの食べ物が生産される　／それで

we are able to have food every day. Agriculture is necessary for our lives in many ways.
／私たちは食べることができる　／食べ物／毎日。　／農業は必要である　／私たちの生活にとって　／多くの点で。

❷ In Japan, today, more and more people are thinking about agriculture.
／日本では　／今日　／ますます多くの人々が考えている　／農業について。

One of the reasons is the safety of food. Some people ask, "Does this carrot come
／その理由の一つは食の安全である。　／ある人たちは問う　／「このニンジンは産出されているか

from our local area?" or "Is this cabbage produced with agricultural chemicals?"
／私たちの地元から」　／あるいは／「このキャベツは生産されているのか　／農薬を使って」

❸ Some people like to buy fruits and vegetables produced near their homes. It is called
／ある人たちは買うのが好きである　／果物や野菜を　／家の近くで生産された。　／それは呼ばれている

chisanchisho in Japanese. This means "to consume the farm products in the area
／地産地消と　／日本語で。　／これは意味する　／「消費することを　／農産物を　／(that 以下の)場所で

DAY 3

that has produced them."
((そこは)生産した /それらを)。

❹In the United States, they have the movement called Community Supported Agriculture (CSA).
/アメリカでは /彼らは行っている /活動を (地域で支える農業(CSA)と呼ばれる)。

※2
People give some money to the farmers living in their local area, and get fruits or vegetables
人々は与える /お金を /農家に (地元に住んでいる) /そして /得る /果物や野菜を

from them. In other words, consumers support the farmers in their own community.
/彼らから。 /言い換えると /消費者は支援する /農家を /自分たちの地域社会の。

❺*Chisanchisho* and CSA have some good points for people. First, consumers know which farm
地産地消とCSAは持っている /いくつか良い点を /人々にとって(良い)。 /まず /消費者は分かる [どの農場(から)

※3
the fruits and vegetables come from. Second, the fruits and vegetables are fresh and
/その果物や野菜は産出されているか]。 /次に /その果物と野菜は新鮮である /そして

taste delicious because they are carried for a short time from farms to stores. In addition,
/美味しい /なぜなら /それらは運ばれるから /短い時間 /農家からお店まで。 /さらに

consumers can choose the farmers who don't use agricultural chemicals.
/消費者は選ぶことができる /(who以下の)農家を ((彼らは)使わない /農薬を)。

❻Farmers are also careful about the safety of food. Some farmers are trying to produce
農家もまた注意している /食の安全について。 /ある農家は生産しようとしている

fruits and vegetables without agricultural chemicals. Instead of agricultural chemicals,
/果物や野菜を /農薬なしで。 /農薬の代わりに

they use some kinds of insects.
/彼らは利用している /いくつかの種類の昆虫を。

❼Plant lice are insect pests for vegetables. If farmers do not do anything,
アブラムシは害虫である /野菜にとって。 〈もし~ならば /農家がしなければ /何も〉

many vegetables will be eaten by them. So some farmers use ladybugs. They like to eat
/多くの野菜は食べられてしまうだろう /それらによって。 /それで /一部の農家では利用している /テントウムシを /それらは食べるのが好きである

plant lice. As a result, farmers don't use any agricultural chemicals.
/アブラムシを。 /その結果 /農家たちは使わない /いかなる農薬も。

❽Through agriculture, we can get many foods from nature. So agriculture is necessary
農業を通じて /私たちは得ることができる /多くの食べ物を /自然から。 /だから /農業は必要である

※4
for our lives. When we think of our future, we should be more careful about our foods
/私たちの生活にとって。 〈~とき /私たちが考える /私たちの将来のことを〉 /私たちはもっと注意すべきである /私たちの食べ物について

to improve our lives.
/改善するために /私たちの生活を。

構文解説

※1 Some people like to buy fruits and vegetables produced near their homes.

» 文構造は次の通り。

Some people like to buy fruits and vegetables (produced 〈near their homes〉).
　　S　　　　V　　　　　　　　O
（produced = 形容詞句, near their homes = 副詞句）

"to buy ~ homes" は like の目的語であるが、ここでは "like to buy"「～を買うことを好む、買うようにしている」を動詞（V）と考えたほうが単純で良いだろう。目的語（O）の中の "produced ~ homes"「家の近くで生産された」は過去分詞が導く形容詞句で、"fruits and vegetables" を修飾している。

※2 People give some money to the farmers living in their local area, and get fruits or vegetables from them.

» "living in their local area" は形容詞句で "the farmers" を修飾している。

the farmers (living in their local area)　「地元に住んでいる農家」

and よりも前の部分が、次のように S ＋ give ＋ O ＋ to M「S は O を M にあげる」という構造になっている。

People give some money to the farmers living in their local area
　S　　V　　　O　　　　　　　　　to M

» and は "give ..." と "get ..." をつないでいる。

People give some money ...
　S　　V₁　　O₁
　　　　and
　　　get fruits or vegetables ....
　　　　V₂　　O₂

» なお、"their local area" の their は people を指し、"from them" の them は farmers を指す。

※3 Second, the fruits and vegetables are fresh and taste delicious ....

» and がつないでいるものは are fresh と taste delicious で、次のような文構造になっている。

Second, the fruits and vegetables are fresh
　　　　　　　S　　　　　　　V₁　C₁
　　　　　　　　　　and
　　　　　　　　　taste delicious
　　　　　　　　　V₁　　C₂

» この英文の前には "First, ~" から始まる英文があり、あとには "In addition, ~" から始まる英文があるため、Chisanchisho「地産地消」と CSA のよい点が列挙されていることを意識しながら読み進める。

※4 When we think of our future, we should be more careful about our foods to improve our lives.

» 文構造は次の通り。

〈When we think of our future,〉 we should be more careful about our foods 〈to improve our lives〉.
（副詞節）　　　　　　　　　　　S　　V　　　　　　C　　　　　　　　　（副詞句）

"When ~" は副詞節で、「～するとき」という意味（副詞節を導く when は「いつ」とは訳さないので注意）。 "to improve our health"「健康状態を改善するために」は「目的」を表す副詞的用法の不定詞句。

DAY 4 | 風車を作った少年

> **正解**
>
> **設問レベル1** 問1 ③　問2 ②　問3 ①　問4 そのうちの一つは，風車が作り出す力は，地中から水を得るために使われる電気を生み出すことができるということである。　問5 started gathering things which were thrown away　問6 It took three months for William to finish　問7 ①-T　②-F　③-F　④-F　⑤-F
>
> **設問レベル2** (a)-干ばつ　(b)-風車　(c)-電気　(d)-水道設備　(e)-廃棄物

解き方

問1　③　drought［dráut ドラウト］は「干ばつ」という意味で，それに一番近いのは選択肢③の "a long period of dry weather"「長期にわたる乾いた天気」である。他の選択肢の意味は，①「ひどい吹雪」，②「川の氾濫」，④「強風と雨」である。

問2　②　空所の直後にある too がポイント。空所を含む文は「ウィリアムの家族も〜だった」という意味になり，直前の文の内容と同じような内容と考えられる。直前は「村では食料不足で大勢が死んだ」という内容なので，それと同じような内容にするには suffered「苦しんだ」が適切となる。ちなみに，選択肢④ disappointed は「〜を落胆させた」という意味の他動詞なので，直後に目的語が必要。

問3　①　ウィリアムの両親も農家であると空所の直前に書かれているので，「干ばつで**収穫**が無くなった」と考えるのが自然。したがって，正解は harvest となる。

問4　「正解」参照　この文の主語は one of them で，them は直前の many things を指す（設問にはこの them を明らかにせよとはないので，訳出しなくてもよい）。is が動詞で，that から最後までは補語となる。

主語	動詞	補語
One of them	is	that 〜

「その一つは〜ということである」

that 節の中は，the power が主語，can produce が動詞で，electricity が目的語。

主語	動詞	目的語
the power 〜	can produce	electricity …

「〜パワーは…電気を生み出すことができる」

which windmills make は the power にかかる関係代名詞節で，which は目的格の関係代名詞，

DAY 4

windmills は関係代名詞節内の主語，make が動詞。

先行詞	関係代名詞	主語	動詞
the power	which	windmills	make

「風車が作り出す力」

which is used ~ under the ground は electricity にかかる関係代名詞節で，which は主格の関係代名詞，is used が動詞（受動態），to get water from under the ground は「目的」を表す不定詞句。

先行詞	関係代名詞	動詞	不定詞句【副詞句】
electricity	which	is used	to get water from under the ground

「地中から水を得るために使われる電気」

問5 started gathering things which were thrown away　設問の「捨てられていたもの」という日本語をヒントに考えると，"things which were thrown away" というカタマリが作れる。このカタマリができてしまえば，あとは「集め始めた」を started gathering とし，gathering の目的語としてその直後に "things which ~" のカタマリを置けばよい。

問6 It took three months for William to finish　問5 と違って日本語が与えられていないので，まずはどのような意味になりそうかを考える。took，three months，finish あたりから「終わらせるのに3ヶ月かかった」という見当がついたら，次に文構造を考える。そこで it takes ＋時間（T）＋ to *do*(~)「~するのに時間が T かかる」という形であると見抜くことがポイント。そこから，"it took three months to finish" というカタマリを作ってみる。すると，William, for が残ってしまう。これは for William というカタマリにして，to finish の意味上の主語としてその前に置く。あらかじめ意味上の主語を加えて，it takes ＋時間（T）＋ for A to *do*(~)「A が~するのに時間が T かかる」という構造としておさえても良い。なお，finish は動名詞（*do*ing）を目的語にとるので，直後の making とも自然につながる。

ポイント

it takes ＋時間（T）＋ to *do*(~)

» it takes ＋時間（T）＋ to *do*(~) という形で「~するのに時間が T かかる」という意味になる。
　It took ten months to build the house.「その家を建てるのに10ヶ月かかった」
不定詞の意味上の主語を置く場合は，次の2通りが可能。
　It took ten months **for them** to build the house.　「**彼らが**その家を建てるのに10ヶ月かかった」
　It took **them** ten months to build the house.
なお，「費用がかかる」と言うときは it costs ＋費用（C）＋ to *do*(~) という形を使い，「~するのに費用が C かかる」という意味になる。
　It cost 1,000 dollars to repair the car.「その車を修理するのに1,000ドル**かかった**」
　It cost 1,000 dollars **for me** to repair the car.　「**私が**その車を修理するのに1,000ドルかかった」
　It cost **me** 1,000 dollars to repair the car.

問7　①-T　②-F　③-F　④-F　⑤-F

① 「ひどい自然災害のせいで，ウィリアムの両親は十分に稼ぐことができなかった」は第1段落の内容に合致。
② 「ウィリアムは父が彼のために見つけてくれた本で，風車の建て方を学んだ」は，「父が本を見つけてくれた」という記述が本文にない。
③ 「ウィリアムは母親と姉妹に，彼らが住む村に風車を建てる手伝いをしてほしいと頼んだ」という記述は本文にない。
④ 「ウィリアムの最初の風車は，村の人々に対して十分な電気を提供した」という記述は本文にない。
⑤ 「ウィリアムが作った風車のおかげで，村の人々はより収穫を得ることができた」という記述は本文にない。

読み下し訳 ≫完全和訳文は別 p. 9 参照。

❶ William Kamkwamba did a great thing when he was 14 years old. He was born in Malawi, Africa in 1987. When he was a junior high school student, there was a big drought in his country. Many people in his village died because they had no food to eat. His family suffered too. William's parents, like many other people in his village, were farmers. His parents could not get any harvest, and had no money for William to go to school. So, he left school when he was 14 years old.

❷ William helped his father with his job. However, even after he left school, he really wanted to study. So, he went to the library. Reading books became very important for him. One day, he found a book called "Using Energy." He saw a picture of windmills in the book. It was very interesting for him. William learned many things from the book. One of them is that the power which windmills make can produce electricity which is used to get water from under the ground. At that time in 2002, only 2% of all people in Malawi

DAY 4

used electricity at home.　Most people didn't have a water supply.　William wanted to change

that bad situation by building his own windmill.

❸Building a windmill was really hard.　William started gathering things

which were thrown away.　It was very surprising for the people in his village.

※4
Some people said bad things about him, and other people thought William had a bad spirit

in his mind.　Even his mother and sisters were not on his side.　But he didn't give up working

on his plan.

❹It took three months /for William to finish making his first windmill.　※5 It was made of trees and

a lot of old things that were used, such as some parts of bikes, plastic garbage, car batteries,

and so on.　His windmill started working and producing electricity.　When people in the village

saw it,　they thought he did a great thing.　They also thought their lives would become

better.

❺William continued to build windmills for the village.　One was given to a school for children.

Another windmill was built to get water from under the ground.　People in his village

thanked William very much.

97

構文解説

※1 Many people in his village died because they had no food to eat.
» 文構造は次の通り。

```
Many people (in his village) died 〈because they had no food (to eat)〉.
    S         形容詞句       V    副詞節  s'   v'      o'    形容詞句
```

» "in his village" は "Many people" にかかる形容詞句。"because ~ eat" は「理由」を表す副詞節。その副詞節中の不定詞 "to eat" は形容詞的用法の不定詞で直前の名詞 food を修飾している。

※2 His parents could not get any harvest, and had no money for William to go to school.
» and がつないでいるものは "could not get any harvest" と "had no money . . . school" である。

```
His parents could not get any harvest,
    S         V₁         O₁
           and
          had no money (for William to go to school).
           V₂   O₂          形容詞句
```

» "for William" は不定詞句 "to go to school" の意味上の主語で，このカタマリは形容詞句を形成して money を修飾している。日本語にすると「ウィリアムが学校に行くためのお金」となる。

※3 However, even after he left school, he really wanted to study.
» この after は直後に "he left ~" と SV が続いているため接続詞であると分かる。even は副詞で "after ~ school" を強調している。「(ふつうなら学校を辞めたら勉強をしたいとは思わないのに，意外なことに，) 彼は学校を辞めた後でさえも」という感じ。

» after は前置詞としての働きもあり，その場合は "after ＋ 名詞" の形になる。
I met him after the concert.「コンサートの後で彼に会った」
また after は時間的に「~の後で」というだけでなく，順序において「~の後で」という意味もある。
Repeat this sentence after me.「私の後に続いてこの文を繰り返しなさい」

※4 Some people said bad things about him, and other people thought William had a bad spirit in his mind.
» some people と other people が some と other の呼応表現になっており，「~と言う人もいれば，~と思う人もいた」という意味になる。

» "other people thought William ~" の thought と William の間には接続詞の that が省略されている。

※5 It was made of trees and a lot of old things that were used, such as some parts of bikes, plastic garbage, car batteries, and so on.
» 文構造は次の通り。

```
It was made of ┬ trees
               │  and
               └ a lot of old things (that were used,)
                                        形容詞節(関係代名詞節)
                  such as some parts of bikes, plastic garbage, car batteries, and so on.
```

» 文頭の "It" は前文にある William が作った最初の風車を指している。

» "be made of ~" は「~で作られている」という意味だが，これは通例「材料が本質的に変化しない場合」に用いられる。本文では，風車が木などから作られていることが分かるため，be made of が使われている。これに対して，"be made from ~" は通例「材料が原形をとどめていない場合」に用いられる。
Wine is made from grapes.「ワインはブドウから作られる」
ワインはブドウが「原形」をとどめていないため，be made from が使われる。

» "that were used" の that は関係代名詞で，先行詞は "a lot of old things" である。such as 以下はこの a lot of old things の具体例。

DAY 5 | 光害の影響と対策

正解

設問レベル1 問1 大気汚染や水質汚染とは，人々の生活が影響を受けるほど大気や水が汚れることを意味する。　問2 夜に多くの星を見ることが難しくなっていること。　問3 ③
問4 夜行性の渡り鳥（7字）　問5 Another thing we can do is to change the design of street lights　問6 空に放射される光の多くが役に立っていないこと。　問7 ①-F　②-F　③-T　④-T　⑤-F
設問レベル2 (a) - 人工光　(b) - 不適切な　(c) - 夜行性　(d) - 方向感覚　(e) - 街灯

解き方

問1　「正解」参照　They が指しているのは直前の "air pollution"（大気汚染）と "water pollution"（水質汚染）である。mean の目的語になる直後の that 節内には "so ~ that . . ."「とても~なので…」「…なほど~」という形が使われている。get(s) dirty の get は形容詞を補語にとって「~になる」という意味で，get dirty は「汚くなる，汚れる」ということ。affect は「~に（悪い）影響を与える」という意味で，affect ~'s life は「~の生活に（悪い）影響を与える」ということ。本問では受動態になっている。したがって，mean 以下の that 節は「大気や水が非常に汚れているので，人々の生活が（悪い）影響を受ける」あるいは「人々の生活に影響を及ぼすくらい大気や水が汚れる」と訳せるが，本問は「大気汚染」「水質汚濁」の意味の説明なので，後者がよいだろう。

ポイント

so ~ that . . .
» so ~ that . . . は「とても~なので…」，「…なほど~」という意味になる表現である。so の直後，「~」の部分には，形容詞や副詞が置かれる。
　This bag is **so** heavy **that** I can't carry it.　「このかばんはとても重いので私には運べない」【結果】
　　　　　　　　　　　　　　　　　　　　　　　　「このかばんは私には運べないほど重い」【程度】
「重いせいでどうなったか」を述べる文脈なら【結果】，とにかく「重い」ことを強調する文脈なら【程度】で訳すと良い。

問2　「正解」参照　that は直前の内容を指すことが多く，この that も直前の "It is becoming difficult for people to see many stars at night." を指している。なお，文頭の it は形式主語で，真の主語は "to see many stars at night" である（☞ p.82, **DAY 1**, 問3 **ポイント** 参照）。

問3　③　空所の直前に「光害が動物に影響を与える」とあり，空所の直後から具体的な渡り鳥の話が始まるので，空所に入るのは "For example" である。

問4 **夜行性の渡り鳥**　they は可算名詞の複数形を指すので，可算名詞の複数形に着目しながら英文を前に戻って読む。下線部(4)の they は *l*.12 "When **they** see ~", *l*.11 "**They** usually travel ~", *l*.11 "so **they** can ~" の they と同じものを指しており，それは *l*.10 の "Some of them" である。この "Some of them" の them は直前の migrating birds「渡り鳥」である。したがって "Some of them" は「渡り鳥のうちのいくつか」ということになる。それはどういう渡り鳥かというと，"Some of them are nocturnal"「渡り鳥のうちのいくつかは夜行性である」という記述から，「夜行性の渡り鳥」ということになる。設問の答えとしては，「いくつかの渡り鳥」より「夜行性の渡り鳥」のほうがよい。ちなみに，nocturnal の意味は知らなくても，直後の "so they can see well even when it is very dark"（とても暗い中でも目が利く）から簡単に推測できるだろう。

問5　**Another thing we can do is to change the design of street lights**　本問で与えられた日本文は英文を直訳したような日本語になっている。まずは全体の構造を考えると，「〜は…を変えることである」という骨格が見えてくる。

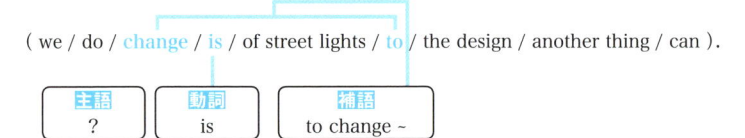

(we / do / **change** / **is** / of street lights / **to** / the design / another thing / can).

主語	動詞	補語
?	is	to change ~

主語「私たちができる他のことは」について考えると，「私たちができる」は "we can do" というカタマリになるだろう。「他のこと（は）」はそのまま another thing という語句がある。「私たちができる」は「他のこと」を修飾する形容詞的な働きをするので，another thing の後に we can do を置く。英語では一般に，単独の形容詞はそれが修飾する名詞の前に置くことが多いが，形容詞句，形容詞節は後ろに置く。

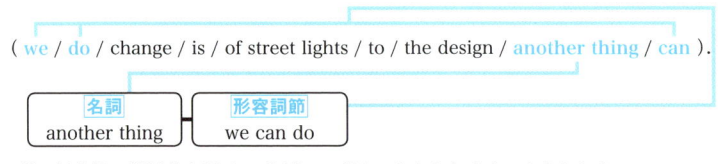

(**we** / **do** / change / is / of street lights / to / the design / **another thing** / **can**).

名詞	形容詞節
another thing	we can do

we の前に目的格の関係代名詞 that を補って考えるとわかりやすいかもしれない。
→ another thing *that* we can do
残った語句から「街灯のデザイン」というカタマリを作る。これは change の目的語の位置にくる。

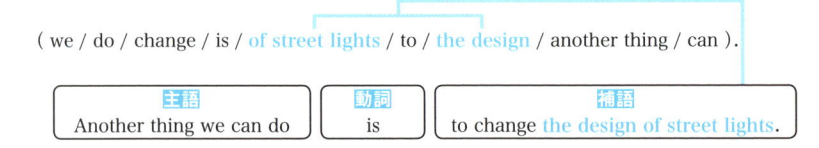

(we / do / change / is / **of street lights** / to / **the design** / another thing / can).

主語	動詞	補語
Another thing we can do	is	to change the design of street lights.

DAY 5

> **ポイント**
>
> **目的格の関係代名詞の省略**
> ≫関係代名詞の目的格は省略されることがよくある。
>   This is the book **that** I bought yesterday.「これが私が昨日買った本です」
> この that は目的格の関係代名詞で，省略されると
>   This is the book I bought yesterday.
> という形ができる。英文を読み進める中で，"the book I bought" のような「名詞＋主語＋動詞」という形に出くわしたら，省略された関係代名詞を意識することでスムーズに読み進めることができるだろう。

問 6 空に放射される光の多くが役に立っていないこと　that は直前の内容を指すことが多く，この場合も直前の "much of the light shining up into the sky is not actually useful" を指している。この部分を簡潔に日本語にすればよい。

問 7 ①-F　②-F　③-T　④-T　⑤-F

① 「空気がとても汚れているので，私たちが夜に星を見ることがより困難になっている」という記述は本文にない。星を見ることが困難なのは，大気汚染ではなく光害のためである。

② 「照明の不適切な使用により引き起こされる公害は，大気汚染や水質汚濁よりも害が少ない」。光害と大気汚染や水質汚濁を比べて，害の程度の違いを述べている箇所はない。

③ 「人工光が多すぎることが原因で，渡り鳥は方向感覚を失っている」は，*ll*.14～16 "So when they fly ~" と合致。

④ 「光害を減らす方法の一つは，街灯を再設計することである」は，*ll*.18～19下線部(**5**)以降の内容と合致。

⑤ 「最近は，動物を守るために電気の使用量を減らしている人がますます増えている」という記述は本文にない。

読み下し訳　≫完全和訳文は別 p. 11 参照。

❶Light pollution. Have you ever heard about it? Many of you may know about "air pollution"
　光害。　　　　あなたは聞いたことが　　それに　　　　あなた方の多くは　　　　　　　「大気汚染」について
　　　　　　　　ありますか　　　　　　ついて。　　　知っているかもしれない

or "water pollution." They mean that　the air or water gets so dirty that
あるいは「水質汚濁」　　　　それらは意味する [〜とい　／大気や水がなる　　　　（that 以下の内
（について）。　　　　　　　　　　　　　　うことを　　　　　　　　　　　　　容）ほどに汚く

people's lives are affected. However, light pollution is a little different.
／人々の生活が影響を受ける］。　　しかしながら　　／光害は少し異なっている。

*1
Light pollution is a series of problems caused by too much artificial light or
光害は（次のような）一連の問題である　　　引き起こ　／あまりに多くの人工光によって　　／あるいは
　　　　　　　　　　　　　　　　　　　　　される

by improper ways of lighting at night. It is becoming difficult for people to see many stars
／不適切な照明方法によって　　　　　／夜間の）。　　難しくなってきている　　　／人々が見ることは　　／たくさんの星を

at night, but that is just one of the problems. Actually, there are more.

Because of so much artificial light, animals and plants are also affected by light pollution.

To some animals, light pollution has caused more serious problems. For example, think
※2

about what has happened to migrating birds. Some of them are nocturnal, so

they can see well even when it is very dark. They usually travel at night to move

from one area to another. When they see bright things around them, however,

they are easily attracted to those bright things. So when they fly into an area which has
※3

a lot of buildings and towers shining with bright lights, they lose their sense of direction and

don't know where they are flying.

❷Now, what can we do about this problem? First of all, we can reduce

the number of street lights that are not really necessary. Another thing we can do is to change

the design of street lights. Some street lights do not have a cover on them, so

the light is shining in every way. However, much of the light shining up into the sky

is not actually useful. That is a waste of energy and money. So we should change the design

in a way that will reduce such waste.

❸Light pollution is one of many problems in our natural environment today.

※4
If more and more people around the world do something about this problem,

the lives of animals affected by light pollution will be saved.

構文解説

***1** Light pollution is a series of problems caused by too much artificial light or by improper ways of lighting at night.

» "caused ~ night" は "a series of problems" を修飾している。また，or は "by too much artificial light" と "by improper ways of lighting at night" をつなぐ働きをしている。

```
                        形容詞句
a series of problems (caused
                        ├ by too much artificial light
                        │           or
                        └ by improper ways of lighting at night)
```

***2** For example, think about what has happened to migrating birds.

» "what ~ birds" の what は関係代名詞で名詞節を導き，前置詞 about の目的語になっている。what が作る名詞節については DAY 14，**2** でさらに詳しく解説している。

» "has happened" という現在完了は，過去から現在までに何度も渡り鳥に「起こってきた，起こっている」ことを表す。過去時制で表すと過去のことに聞こえてしまうが，現在完了を使うことで，今なお解決されていない問題である感じが伝わる。

***3** So when they fly into an area which has a lot of buildings and towers shining with bright lights, they lose their sense of direction and don't know where they are flying.

» 四箇所ある they と their は夜行性の渡り鳥を指す。全体の文構造は次の通り。

```
     副詞節
So (when they fly . . . bright lights,)
they lose their sense of direction
 S   V₁         O₁
              and
    don't know where they are flying.
       V₂         O₂
```

» when 節内にある "which ~ bright lights" は関係代名詞節で，先行詞 an area を修飾する形容詞節になっている。さらに，この関係代名詞節内の "shining with bright lights" は現在分詞句で，"a lot of buildings and towers" を修飾する形容詞句となっている。

```
              形容詞節                          形容詞句
an area (which has a lot of buildings and towers (shining with bright lights))
         S'   V'           O'
```

***4** If more and more people around the world do something about this problem, the lives of animals affected by light pollution will be saved.

» 文構造は次の通り。

```
     副詞節                形容詞句                      副詞句
(If more and more people (around the world) do something (about this problem),)
                S'                           V'   O'
                        形容詞句
the lives of animals (affected by light pollution) will be saved.
          S                                              V
```

» "If ~ this problem" は if が導く「条件」を表す副詞節で，節内は未来を表す内容でも will は使わず，現在時制で表現される。

» "affected by light pollution" は直前の animals を修飾する形容詞句である。

DAY 6 | 笑うと手を叩くのはなぜ？

正解

設問レベル1 問1 ③　問2 手を叩くことでその場がより面白くなることを知っているから。(29字)　問3 ③　問4 stress　問5 ②　問6 チンパンジーは私たちに一番近い，現存する同種の動物であることを考えると，彼らが部分的に私たちと同じ習慣を持っていると知っても驚くべきことではない。　問7 ②　問8 ③

設問レベル2 (a) - 無意識に　(b) - ストレスを発散する　(c) - 類人猿の祖先から

解き方

問1 ③　burst into laughter で「どっと笑う」という意味。burst into tears「どっと泣き出す」も覚えておくとよい。burst は「爆発する，はじける」という意味で，比喩的に「急に〜する」という意味でも使う。burst into + 名詞(~) では「急に〜の状態になる，急に〜しだす」という意味を表す。上例以外にも，burst into song「急に歌い出す」，burst into flames「急に燃え上がる」といった表現がある。

問2 「正解」参照　下線部(2)の直後にある because 以下を指定された文字数でまとめればよい。because 以下は，know と clapping の間に接続詞 that の省略がある。

主語	動詞	目的語(that 節)
they	know	(that) clapping ~

that 節内は "makes + A + B"「A を B にする」という構造の文になっている。

主語	動詞	目的語	補語
clapping	makes	the situation	funnier

この部分を直訳すると「手を叩くことがその(場の)状況をより面白くする」となるが，主語が clapping という無生物主語であるため，「手を叩くことでその(場の)状況がより面白くなる」とすると良い。これを踏まえて because 以下を訳すと「彼ら（＝テレビに出演するコメディアンなどの人々）は，手を叩くことでその(場の)状況がより面白くなることを知っているから」となる。

問3 ③　空所の前後の流れを考える。空所の前は「コメディアンが笑いながら自分で手を叩く行動を不自然だと思うことがあるかもしれない」とあるのに対して，空所の後ろでは「大半の人は笑いながら無意識に手を叩いたり，足を踏み鳴らしたりする」と書かれている。すなわち，「コメディアンの行動を不自然だなと思っているかもしれませんが，自分でも同じようなことを無意識にやっていますよ」と言っているのである。したがって，however「しかしながら」を入れるのがよい。なお，"you may sometimes think" の may にも注目しよう。「〜かもしれないが，実は…なのだ」

という文脈で "may ~, but . . ." は定番の表現で，本問では but の代わりに however を用いているだけである。

ポイント

may ~ but . . .
> may は「譲歩」を表し，「なるほど~かもしれませんが」という意味を表す。may ~ but . . . という組み合わせで「なるほど~かもしれませんが，でも…なのです」という内容を表す。
> He **may** be only 15, **but** he knows what he is doing.「なるほど彼はわずか 15 歳かもしれないが，万事心得ているから大丈夫だ［←自分のしていることはわかっている］」
> 接続詞 but の代わりに副詞 however を用いる場合もある。
> Tickets **may** be ordered online; **however**, discounts cannot be applied.「チケットはネット注文できるかもしれませんが，割引は適用されません」

問 4　stress　代名詞の it は可算名詞の単数形，「不可算名詞」，「前に出た句・節・文の内容」を指す。代名詞の it が指すものを見抜くポイントは，it を含む文とその直前の文を精読することである。この問題では it を含む文の "relieve" の意味がわかると容易に解ける。relieve は「（苦痛・心配などを）取り除く」という意味なので，文意からしても it は stress 以外考えられない。

問 5　②　基本イディオムの cope with ~「~をうまく処理する・~をうまく乗り切る」が問われている。

問 6　「正解」参照　文頭の considering は「~を考慮すると」という意味の分詞構文由来の表現で，前置詞や接続詞として用いられる。

例　**Considering** his age, he is in good health.「年齢を考えると，彼は健康状態が良い」【前置詞】
　　　前置詞　　名詞

　　He did well **considering** (that) he had no experience.「経験がまったくないことを考えると，彼はよくやった」【接続詞】
　　　　　　　　接続詞　　　　S　V

本問では接続詞で，considering と chimpanzees の間には接続詞 that が省略されている。that 節内は，直訳すると「チンパンジーは私たちに一番近い，現存している親戚である」となるが，ここでの「親戚」は比喩で，遺伝子的に非常に近い生き物くらいの意味。しかし，このままでは説明的すぎるので，「同種の動物」などとするとよいだろう。

　it は that 以下を指す形式主語で，"it is surprising . . . that ~" で「~ということは驚くべきことだ」という表現（本問では否定文になっている）。surprising には副詞的用法の to learn がついて，surprising to learn は「知って驚くような」という意味になる。

It is surprising that he should have accepted such an offer.「彼がそんな申し出を受け入れたなんて驚くべきことだ」

This fact isn't **surprising to learn**, but . . .「この事実は知って驚くようなことではないが…」
that 節の中には "the same ~ as . . ." 「…と同じ~」という表現があり，"the same habits as we

do [= have]" で「私たちが持っているのと同じ癖」という意味になる。that 節内は「チンパンジーは人間が持っているのと同じ癖をいくつか持っている」となる。

問7 ②　embarrass は「～に恥ずかしい思いをさせる」という意味の他動詞で，過去分詞形 embarrassed は「（人が）恥ずかしい（と思う）」という意味になる。
　I feel very **embarrassed** about singing in public.「私は人前で歌うのがとても恥ずかしい」
embarrassing は「（人を）困らせるような，（人に）恥ずかしい思いをさせるような」という意味。
　It was **embarrassing** to sit next to my ex-boyfriend.「元カレの隣に座らねばならないのは恥ずかしかった」ちなみに，この it は "to sit ～" を指す形式主語。
　ちなみに，③の disappointing は「（人を）がっかりさせるような」，④の pleased は「（人が）喜んでいる，うれしく思う」という意味である。④は文法的には正しいが，「チンパンジーと似ていてうれしい」という意味になり，最終文「笑うときに手を叩く（というチンパンジーと同じ行動をする）のをやめますか」につながらない。

問8 ③
　①「ストレスとは人間の体に影響を与えるあらゆる感情のことである」は本文 ll.10 ～ 11 "the word 'stress' is used ～" と合致。
　②「笑う際に手を叩くことはストレス発散に一役買っている」は本文 ll.8 ～ 9 "people unconsciously clap or stomp ～" と合致。
　③「チンパンジーはストレスを感じると必ず手を叩く」は，チンパンジーもストレスを感じると手を叩いたりすることは ll.15 ～ 16 に書かれているが，「常に（always）」とは書かれていないため，本文と合致せず。
　④「私たちが笑うときに手を叩く原因はたぶん DNA にあるのかもしれない」は本文 ll.18 ～ 19 "Clapping may be caused ～" と合致。

読み下し訳　≫完全和訳文は別 p. 13 参照。

❶When people burst into laughter, they act differently. Some people clap their hands. Other people stomp their feet or slap their knees. People on TV, such as comedians, clap their hands loudly because they know clapping makes the situation funnier. When you see such comedians, you may sometimes think their actions are unnatural. However, most people clap or stomp unconsciously when they laugh. Do you know the reason why?

❷Generally speaking, people unconsciously clap or stomp because they are trying to release stress. You may not believe that laughing causes stress. Actually, you may think that laughing relieves it. However, the word "stress" is used to mean any feeling that affects the human body. Although laughing may have positive effects, it is still a stressful activity. When people laugh, they experience stress at the same time. To cope with it, they do things like clapping their hands.

❸Humans are not the only species that use these methods to release their stress. Interestingly, chimpanzees also do so. Considering chimpanzees are our closest living relatives, it's not surprising to learn that they have some of the same habits as we do. Clapping may be caused by something deep in our DNA that comes from our ape ancestors.

❹You may feel a little embarrassed when you learn that our behavior is similar to that of chimpanzees. Now that you know this, will you stop clapping your hands when you laugh?

構文解説

*1 People on TV, such as comedians, clap their hands loudly because they know clapping makes the situation funnier.

≫ "such as comedians" は挿入句で、"People on TV" の具体例である。because 以下は「大きな音を立てて手を叩く」理由を述べた副詞節となっている。

People on TV, such as comedians, clap their hands loudly 〈because . . . funnier〉.
　　　　　　　　S　　　　　　　　V　　　　O　　　　　　　　副詞節

≫ because 以下の文構造は次の通り。

because they know [clapping makes the situation funnier]
　　　　　S'　 V'　　　S''　　　　V''　　　　O''　　　C''
　　　　　　　　　　　　　　　名詞節

"clapping . . . funnier" は know の目的語で名詞節となっており、clapping の前に接続詞 that を補うこともできる。この名詞節は S + make + O + C「S は O を C にする」の文構造となっており、直訳すると「手を叩くことはその(場の)状況をより面白くする」となる。「手を叩くことで、その場の状況がより面白くなる」などと訳すと、より日本語らしくなる。

*2 Do you know the reason why?

≫ この why は、前文の "most people clap or stomp unconsciously when they laugh" を補うと、その働きが見えてくる。

Do you know the reason why most people clap or stomp unconsciously when they laugh?

この場合の why は the reason を先行詞とする関係副詞である。

*3 Clapping may be caused by something deep in our DNA that comes from our ape ancestors.

≫ something は、形容詞句 "deep in our DNA" と、関係代名詞 that で始まる形容詞節 "that comes from our ape ancestors" によって修飾されている。

　　　　　　　形容詞句
　　　　　(deep in our DNA)
something
　　　　　(that comes from our ape ancestors)
　　　　　　　　形容詞節

*4 You may feel a little embarrassed when you learn that our behavior is similar to that of chimpanzees.

≫ 文構造は次の通り。

You may feel a little embarrassed
 S　　V　　　　C
　　　副詞節　　　　　　名詞節　　　　　　　　　　　副詞句
〈when you learn [that our behavior is similar (to that of chimpanzees)]〉
　　　S'　V'　　　　　S''　　　　V''　C''

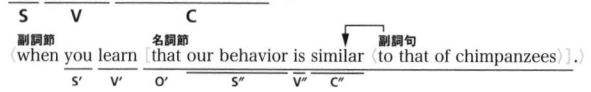

"when ~ chimpanzees" は接続詞 when が導く副詞節。その節内の動詞 learn の目的語 "that ~ chimpanzees" は接続詞 that が導く名詞節となっている。

≫ "be similar to ~" は「~に似ている」という意味。"that of chimpanzees"「チンパンジーのそれ」とは "the behavior of chimpanzees"「チンパンジーの振る舞い」の意味で、その that は behavior の繰り返しを避けるため用いられている代名詞である。

DAY 7 | 宇宙ゴミ

正解

設問レベル1 問1 you are missing something important 　問2 宇宙を掃除することは，自分の部屋や近所を掃除することほど簡単ではない。　問3 ②　問4 ②　問5 毎年，5基の使用されていない衛星を取り除くこと。　問6 科学者たちは宇宙を探査するための効果的な方法だけでなく，私たちが宇宙に残しているゴミを取り除くための効果的な方法も考えなければならない。　問7 ①-F　②-F　③-T　④-F

設問レベル2 (a) - 衛星　(b) - 衝突　(c) - 五つ　(d) - 非現実的

解き方

問1 you are missing something important 　主語と動詞は"you are missing"とすぐに決められるだろう。somethingとimportantの語順がポイントとなる。代名詞としてのsomething, anything, nothingを形容詞が修飾する場合，前から修飾するのではなく，"something important"のように後ろから修飾する。

問2　「正解」参照　asを使った比較表現が用いられている。"not as ~ as ..."は「…ほど～ではない」と訳す。本問では"cleaning up space"と"cleaning up your room or your neighborhood"が比べられており，前者は後者ほど簡単ではない，と述べている。

問3　②　空所の前後を見ていくと，空所の前で「科学者たちは宇宙ゴミに対して十分なことをしてこなかった」とあり，空所の後ろで「宇宙ゴミの量は増えている」とある。この二つの文は，「十分なことをしてこなかった**から**増えている」という関係にあるので，therefore「それゆえ」が最も適切である。

問4　②　基本的なイディオムが問われている。catch up with ~「~に追いつく」，come up with ~「~を思いつく」，put up with ~「~を我慢する」，keep up with ~「~についていく」。文脈からcome up with ~が正解。そもそもhaven'tの後に続く動詞の形を考えると，意味以前に①catch up withと④keep up withは入らない。

問5　「正解」参照　thisは前文の内容を指すことが多く，この場合も前文，特に"to remove five unused five satellites every year"を指しているので，この部分を「毎年，5基の使用されていない衛星を取り除くこと」と和訳すれば正解となる。なお，前文の「宇宙ゴミの現在の量を維持するために」や「現状を維持するために」などを加えてもよい。

DAY 7

問6 「正解」参照 "not only **A** but also **B**"「**A** だけでなく **B** も」の呼応表現を適切に処理することがポイント。

[主語] scientists [動詞] must consider not only [目的語①] **A** but also [目的語②] **B**

「科学者らは **A** だけでなく **B** についても考えなければならない」

A にあたる部分は "effective ways to explore space"「宇宙を探査するための効果的な方法」である。また、**B** にあたる部分は "effective ways to remove the debris we leave in space"「私たちが宇宙に残しているゴミを取り除くための効果的な方法」である。the debris には we leave in space という形容詞節がかかっている。we の前に目的格の関係代名詞 that を補って考えるとわかりやすいかもしれない。**A**, **B** どちらも ways の直後にある不定詞句（to explore ~, to remove ~）は ways を修飾する形容詞的用法の不定詞句である。

問7 ①-F ②-F ③-T ④-F

① 「宇宙ゴミの処理問題は、近い将来解決されるだろうと予測されている」という記述は本文にない。

② 「科学者は宇宙も宇宙ゴミも同じように理解するようになった」という記述は本文にない。

③ 「大きな宇宙ゴミの衝突が原因で数千もの小さな宇宙ゴミが生まれる」は本文 ll.13 ~ 15 "Furthermore, ~ pieces of debris." と合致。

④ 「毎年、5 基の使用されていない衛星を取り除けば、宇宙ゴミの問題は解決できる」。ll.19 ~ 21 "Even to simply maintain ~" で「現状を維持するためだけでも」毎年 5 基の使用されていない衛星を取り除く必要があると筆者は述べているのであって、宇宙ゴミの問題が解決できるのではない。

読み下し訳 ≫完全和訳文は別 p. 15 参照。

❶ Do you know what there is in space? Planets? Stars? Yes. There are planets and stars, but
あなたは知っているだろうか／何があるか／宇宙に。／惑星？／恒星？／その通り。／~がある／惑星と恒星が／しかし

you are missing something important. Debris. There is a lot of debris in space.
あなたは見落としている／重要なものを。／ゴミである。／~がある／たくさんのゴミが／宇宙に。

The debris is called "space debris" and it has become a serious problem. However,
このゴミは呼ばれている／「宇宙ゴミ」と／そして／それはなっている／深刻な問題に。／しかしながら

cleaning up space is not as easy as cleaning up your room or your neighborhood.
／宇宙を掃除することは／(as 以下ほど) 簡単ではない／掃除することほど／あなたの部屋やご近所を。

❷ Space debris is mainly made up of old satellites and pieces broken off spacecrafts.
宇宙ゴミは主に／（次のものから）成る／古い衛星／そして／（次のような）破片／(それは) 宇宙船からはずれ落ちた。

Although scientists have been trying to understand the mechanisms of space,
〈~だが／科学者たちは理解しようとしてきた／宇宙のメカニズムを〉

DAY 7

they haven't done enough　　to deal with space debris.　Therefore,
/彼らはまだしていない　/(to 以下が)できるだけのことを　/宇宙ゴミに対処する。　/それゆえ

the amount of space debris　has been increasing.
/宇宙ゴミの量は　　　　　　/増え続けている。

A few hundred-thousand pieces of space debris are in orbit around the earth.
/数十万個もの宇宙ゴミが　　　　　　　　　/軌道上にある　/地球の周りの。

❸It is not surprising that　the debris causes trouble.　If　a spacecraft crashes
/(that 以下のことは)　　　[〜という/このゴミが引き起こして　/問題を]。　/もしなら　/宇宙船が衝突したら
驚くようなことではない　　　ことは　　いる

into even a very small piece of debris, it can be damaged and may not be able to come back
/たとえ非常に小さなゴミ片にでも〉　/それは破損する　　　　/そして/戻ってくることができないかもしれない
　　　　　　　　　　　　　　　　可能性がある

to Earth.　Furthermore, if　large pieces of debris hit each other, the impact will create
/地球に。　/さらに　　〈もしなら/大きなゴミが当たったら　　　/お互いに〉　/その衝撃は生み出す

thousands of smaller pieces of debris.　It is said　that　such crashes happen
/何千個ものさらに小さなゴミを。　　　/(that 以下のように)　〔〜という/そのような衝突は起こっている
　　　　　　　　　　　　　　　　　言われている　　　ことが

every four or five years.
/4〜5年ごとに。

❹Although scientists have been discussing measures to remove debris from space,
〈〜だが　/科学者たちは議論してきた　　　　/取り除く方法について　/ゴミ を　/宇宙から〉

they haven't come up with anything practical.　To make matters worse,
/彼らは思いついていない　/何ら現実的な方法を。　　　　　さらに悪いことに

new small pieces of debris are constantly being created because of debris crashes.
/新たな小さなゴミが絶えず生み出されている　　　　　　　/ゴミどうしの衝突が原因で。

Even to simply maintain the current amount of debris, scientists estimate that it is necessary
〈単に維持するためですら　　/現在のゴミの量を〉　　/科学者らは推定している　[〜と /必要である

to remove five unused satellites every year.　However, this is considered unrealistic.
/取り除くことが/五つの使われていない/毎年]。　/しかしながら　/これは見なされている　/非現実的
　　　　　　　人工衛星を　　　　　　　　　　　　　　　　　　　　　　　　　　　　　であると。

Therefore, in terms of space development today, scientists must consider
/したがって　/今日の宇宙開発という観点からは　　　　/科学者らは考慮しなければならない

not only effective ways to explore space, but also effective ways to remove the debris
/効果的な方法（宇宙を探査するための）だけでなく　/効果的な方法（(次のような）ゴミを取り除くための）もまた

we leave　in space.
((それを)私たち　/宇宙に)。
は残している

構文解説

*1 Space debris is mainly made up of old satellites and pieces broken off spacecrafts.
» and がつないでいるものは "old satellites" と "pieces broken off spacecrafts" である。broken off spacecrafts は pieces を修飾する形容詞句。

```
. . . made up of ─┬─ old satellites
                  │     and
                  └─ pieces (broken off spacecrafts)
                     形容詞句
```

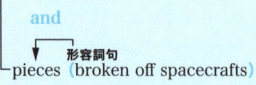

*2 If a spacecraft crashes into even a very small piece of debris, it can be damaged and may not be able to come back to Earth.
» "If . . . debris" は「条件」を表す副詞節。主節の it は spacecraft を指す。and は "can be damaged" と "may not be ~ Earth" をつないでいる。

副詞節
(If a spacecraft crashes into even a very small piece of debris,)
it [= the spacecraft] ─┬─ can be damaged
                      │   and
                      └─ may not be able to come back to Earth.

*3 It is said that such crashes happen every four or five years.
» "It" は形式主語で that 以下が意味上の主語。"It is said that ~" で「~と言われている」と解釈する。"every four or five years" は「4～5年毎に」という意味で、副詞句として機能している。

　　　　　　　　　　　　　　　　　　　　副詞句
It is said that such crashes happen every (four or five years).
(S)　V　　　　　　　　　　S
　　　└───────=─────────┘

*4 Even to simply maintain the current amount of debris, scientists estimate that it is necessary to remove five unused satellites every year.
» 文頭の不定詞 "(Even) to (simply) maintain" は「目的」を表す副詞句。「~を維持するため(だけでも)」と訳す。この副詞句は that 節内の述部 (is necessary) にかかっている。同じく that 節内の "it" は形式主語で、不定詞句 "to remove ~ every year" が意味上の主語である。

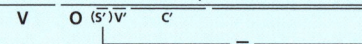

副詞句
(Even to simply maintain the current amount of debris,) ─┐
                                                          ↓
scientists estimate that it is necessary to remove five unused satellites every year.
　S　　　V　　　　　O　(S')V'　　C'　　　　　　　　　　　　　　S'
　　　　　　　　　　　　└────────────=────────────┘

DAY 8 | 飢餓の原因

> **正解**
>
> **設問レベル1** 　**問 1** 　食糧生産の不足のために飢餓が存在するというのは必ずしも正しいとは限らない。　**問 2** 　③　**問 3** 　途上国で生産され先進国に輸出された穀物は，牛，豚，鶏のえさに使われ，それらの家畜は先進国で消費される。　**問 4** 　②　**問 5** 　先進国はまだ食べられる食べ物を大量に捨てているから。(26字)　**問 6** 　①-T　②-F　③-T　④-F
>
> **設問レベル2** 　(a)- 食糧生産　 (b)- 分配　 (c)-(発展)途上国　 (d)- 先進国　 (e)- 食習慣

> **解き方**

問 1 　「正解」参照　this は前文の内容を指すことが多く，ここでは that 節 "world hunger exists because of shortfalls in food production" の内容を指す。また not always は**部分否定**で「必ずしも〜とは限らない」と訳す。

問 2 　③　"If grain were given ~" で was ではなく were になっていることから，**仮定法過去**だとわかる。このことは，前後が現在時制で書かれているのに，この文だけ過去形動詞であることからも推測できる。したがって，空所(2)には過去形の助動詞 would が含まれる③か④が入ることになる。文意を考えると，「もし穀物が世界中の人々に平等に与えられたら，ひとりひとりは年におよそ 320 キロの穀物を…」という内容から，主節は「得るだろう」という意味になる③ would get のほうが適切となる。ちなみに，選択肢④は**仮定法過去完了形**である。

> **ポイント**
>
> **仮定法過去・仮定法過去完了**
> ≫ 仮定法過去の基本は「現在の事柄に反する内容」や「現実には起こりそうもないと話し手・書き手が考える内容」を表す。すなわち，**現実から離れて，想像の世界の「現在または未来」の話をする**ときに使われる。基本形は，if 節が "if ＋主語＋**過去形動詞**"，主節が " 主語＋**過去形の助動詞＋原形動詞** " である。if 節内の過去形動詞が be 動詞の場合，主語の人称・数にかかわらず were を用いる。
> 　　If I **were** you, I **would ask** her for a date.「もし僕が君なら，彼女をデートに誘うだろう」
> 　　He knows what **would happen** to him if he **were** caught now.「もし今捕まったらどうなるか，彼は知っているのだ」
> 　仮定法過去完了は，基本的に，**現実から離れて，想像の世界の「過去」の話をする**ときに使われる。基本形は，if 節が "if ＋主語＋ had ＋**過去分詞**"，主節が " 主語＋**過去形の助動詞＋ have ＋過去分詞** " である。
> 　　If I **had known** that, I **would never have let** her go there alone.「もし（あの時）そのことを知っていたら，私は絶対に彼女を一人でそこに行かせなかっただろう」

問 3 　「正解」参照　it が指しているものを考える前に，前文の "the majority of grain ... developed countries" の意味を確認しておこう。「途上国で生産される穀物の大半は先進国に輸出

されている」とある。そして，"There, it is used . . ."と続いている。There は直前にある developed countries を指す。「そこ（＝先進国）では，それは…に使われている」というわけである。ここまでくれば "it" が指しているのは「途上国で生産され先進国へ輸出されている穀物」であることがわかるだろう。

feed は「～に食べ物・えさを与える」という意味。本問では目的語が「牛，豚，鶏」といった家畜であるから，「えさを与える」のほうであるが，自然な日本語になるように和訳文は工夫しよう。

下線部の which は関係代名詞であるが，その前にあるカンマに注意しよう。「カンマ＋関係詞」の形は関係詞の非制限用法あるいは継続用法と呼ばれ，先行詞に関する情報をプラスしたり，先行詞を受けて文を続けたりする用法である（本問では後者）。後ろから訳しあげるのではなく，文の頭から訳す。

> **ポイント**
>
> **非制限用法の関係代名詞**
> » 次の文を見てみよう。
>   I have been looking for *a watch* (**that**) my wife gave me as a birthday present for a few days.
>   「私は数日前から妻が誕生日プレゼントにくれた腕時計をさがしている」
> a watch だけではどの腕時計のことか特定されないが，関係代名詞節を付けることで，それが「妻が誕生日プレゼントにくれた腕時計」に特定される。このような関係代名詞の使い方を**制限用法**または**限定用法**と呼ぶ。基本的に後ろから訳しあげる。
> では，次の文を見てみよう。
>   My wife gave me *a watch* as a birthday present, **which** I seem to have lost. 「妻が誕生日のプレゼントに腕時計をくれたのだが，それを私は紛失してしまったようだ」
> 「妻が誕生日のプレゼントに腕時計をくれた」と述べた段階でこの腕時計は特定されている（a watch となっているのは初めて話題にした watch であるから）。その腕時計を「どうしたのか」を which 以下で説明している。先行詞を特定するため**ではない**このような関係代名詞の使い方を**非制限用法**または**継続用法**と呼ぶ。文は基本的に前から訳していく。

問4　② 空所の前後の文脈を考えると，空所の前では「途上国で生産された穀物が，先進国で消費される家畜のえさに使われている」という内容で，空所の後ろは「途上国の人々は，先進国のために穀物を生産している一方で飢えている」という内容なので，空所の後ろは空所の前の内容を異なる表現でまとめていることがわかる。したがって，in other words「言い換えると・すなわち」が最適である。

問5　先進国はまだ食べられる食べ物を大量に捨てているから。　下線部は「先進国の人々は自分たちの食習慣を再考すべきである」という意味である。そして，下線部の直後から，日本を具体例に，先進国の食習慣の問題点を指摘する内容になっており，それが「先進国はまだ食べられるものを大量に捨てている」ということである。

問6　①-T　②-F　③-T　④-F

① 「日本で捨てられているおよそ1,000万トンの食糧は食べても安全なようだ」は，本文 ll.20～21 "For instance, Japan throws away ~" と次文 "However, ~" の内容と合致。日本は2,000万トンの食べ物を捨てており，その半分（1,000万トン）がまだ食べられると書かれている。
② 「日本人は，一人あたり年間160キロの穀物を消費しているが，その大半は輸入されている」は，「その大半は輸入されている」の部分が本文に記載なし。
③ 「先進国の人々は途上国で生産される穀物に頼っている」は，第2段落の「途上国で生産された穀物で，先進国は自国で消費する家畜を育てている」という内容に合致している。
④ 「世界の飢餓は，食料の生産不足だけでなく，食料の不平等な分配のせいでもある」は，本文 l.5 "Actually, we produce ~" にあるように，私たちは世界の人々に十分な食料を生産できているので，「食料の生産不足」の部分が本文と合致しない。

読み下し訳　≫完全和訳文は別 p. 17 参照。

❶Every year more than fifteen-million people die of hunger.
／毎年　　　／1500万人以上の人が死ぬ　　　　　　／飢えで。

More than seventy percent of them are children and most of them live in developing countries.
その70％以上が子供である　　　　　　　　　／そして／その大半が暮らしている／発展途上国に。

You may believe that world hunger exists because of shortfalls in food production. However,
あなたは思っているかも　[～と／世界の飢餓は存在する　／(in以下の) 不足が原因で　／食糧生産の]。　　しかしながら
しれない

this is not always true. Actually, we produce enough grain to feed every person in the world.
これは必ずしも　　　　むしろ　／私たちは生産　／(to以下のことが)／食べ物を　／ひとりひとりに　／世界中の。
正しいとは限らない。　　　　　　している　　　　できるだけの穀物を　供給し

If grain were given equally to people around the world, each person would get
〈もし～／穀物が与えられた　／平等に　／人々に　／世界中の〉　　／ひとりひとりは受け取れるだろう
なら〉

about 320 kilograms of grain a year. This amount is about twice as much
／約320kgの穀物を　　　　　　／年に。　この量は（as以下の）量のおよそ2倍である

as one Japanese person eats in a year. So, why do many people starve?
／日本人一人が食べる(量)　　　／1年間に。　そう／なぜ多くの人が飢えているのか。
　　　　　　　　　　　　　　　　　　　　　なら

❷The problem is the distribution of food. In regard to the distribution of grain, for example,
問題は食糧の分配である。　　　　　　　穀物の分配のことで言えば　　　　　　／例えば

the majority of grain which is produced in developing countries is exported
〈which以下の〉　　　　((それは) 生産されている／発展途上国で) は　　　　／輸出されている
穀物の大部分

to developed countries. There, it is used to feed cows, pigs and chickens, which are consumed
／先進国に。　　　　　　そこで　／それは使わ／餌を与え／牛や豚や鶏に　　　／それら(の家畜)は
　　　　　　　　　　　　　　　　れている　るために　　　　　　　　　　　　消費される

in developed countries. In other words, people in developing countries are starving
／先進国で。　　　　　　言い換えると　　　／人々〈発展途上国の〉は　　　／飢えている

while producing grain for developed countries.
／生産する一方で　　／穀物を／先進国のために。

DAY 8

❸In order to deal with world hunger, organizations, such as the World Food Programme,
/対処するために   /世界の飢餓に   /組織は   /世界食糧計画のような

play very important roles. The World Food Programme provides food assistance
/とても重要な役割を果たしている。   /世界食糧計画は提供している   /食糧支援を

to around 80 million people each year. However, aside from such organizations,
/約8000万人に   /毎年。   /しかしながら   /そのような組織は別として

people in developed countries should reconsider their eating habits. For instance,
/人々（先進国の）は   /再考すべきである   /自分たちの食習慣について。   /例えば

Japan throws away about 20 million tons of food every year. However,
/日本は捨てている   /約2000万トンの食べ物を   /毎年。   /しかしながら

about half of the amount thrown away is still edible. It is extremely important to reduce
/およそ半分の量（廃棄される）は   /まだ食べられる。   /非常に大切である   /減らすことが

the waste of food as much as possible. When trying to deal with the problem of hunger,
/食糧廃棄物を   /できるだけたくさん。   /(対処しようとするとき   /飢餓の問題に)

the first step should be to reduce the amount of food we throw away.
/初めの一歩は減らすことであるべきだ   /(次のような)食べ物の量を   /(私たちが廃棄している)。

構文解説

※1 This amount is about twice as much as one Japanese person eats in a year.
» 「〜のX倍…」という表現は "倍数 [twice/three times など] + as . . . as 〜" で表すことができる。
» "as much as you can eat" と言うと「食べられるだけの量」という意味だが、"as much as one Japanese person eats in a year" もこれと同じ構造で、「一人の日本人が一年間に食べる量」という意味を表す。

※2 In regard to the distribution of grain, for example, the majority of grain which is produced in developing countries is exported to developed countries.
» "in regard to 〜" は「〜に関しては」という意味で、ここでは副詞句を形成している。文構造は次の通り。

副詞句
〈In regard to the distribution of grain,〉 for example,
　　　　　　　　　　　　　　　　形容詞節
the majority of grain 〈which is produced 〈in developing countries〉〉
　　　　S　　　　　　　　　　S'　　　　V'
　　　　　副詞句
is exported 〈to developed countries〉.
　　V

主語は "the majority (of grain)" で、関係代名詞 which が導く形容詞節 "which is produced in developing countries" は grain を修飾している。

※3 In other words, people in developing countries are starving while producing grain for developed countries.
» "In other words" と "while producing grain for developed countries" は副詞句。文構造は次の通り。

副詞句　　　　　　　　形容詞句
〈In other words,〉 people 〈in developing countries〉 are starving
　　　　　　　　　　S　　　　　　　　　　　　　　　　V
副詞句
〈while producing grain for developed countries〉.

» "while producing" は "while they [= the people in developing countries] are producing" から主語と be 動詞が省略された形。この while は「〜の間」ではなく、「〜だが」「一方で」という意味。

※4 When trying to deal with the problem of hunger, the first step should be to reduce the amount of food we throw away.

副詞句
〈When trying to deal with the problem of hunger,〉
　　　　　　　　　　　　　　　　　　　　　　形容詞節
the first step should be to reduce the amount of food 〈we throw away〉.
　　S　　　　　V　　C　　V'　　　O'　　　　　O''　　S''　V''

» "When trying 〜 hunger" の "When trying to" は "When we try to" 「〜しようとする場合」または "When we are trying to" 「〜しようとしているときに」の意味。"接続詞 + 現在分詞" は、分詞構文に接続詞がついたものと説明される場合と、主語 + be 動詞が省略されたものと説明される場合がある。いずれの場合も、現在分詞の意味上の主語は、主節の主語と一致していることが原則。

❶ You cannot be too careful when driving a car.「車を運転する際にはどんなに注意してもしすぎということはない」(≒ . . . when you drive a car / . . .when you are driving a car)
しかし、実際には、解釈に誤解が生じない場合、一致していなくても容認されるケースが多くある。
❷ Passports are required when crossing any international borders.「いかなる国境線も越える際にはパスポートが必要である」(≒ . . . when you cross 〜)
❸ A mobile device should not be used when crossing the street.「通りを渡っているときはモバイル機器を使用すべきでない」(≒ . . . when you are crossing 〜)
※5 の場合も、trying の意味上の主語（例えば we）と主節の主語（the first step）は一致していないが、trying の意味上の主語と to reduce の意味上の主語が同じであることから、誤解なくこの文を解釈できる。

DAY 9 | 聞き上手

正解

設問レベル1 **問1** 多くの人が他人に好かれるために話をすることが上手になりたいと思っている。 **問2** 話し上手な人は，いつも他の人々に元気を与えるので，非常に人気があるという理由。(39字) **問3** we want to tell others how we feel **問4** また，相手はあなたの意見をいつも聞きたいとは限らないので，特に相手が怒っているときは，相手に意見やアドバイスをする必要はない。 **問5** ③，⑦ **問6** (A) -in (B) -as (C) -in
設問レベル2 (a) - 他人に好かれるために (b) - 人の話を聞くのが得意な (c) - 自分のことが好き (d) - どのように感じているか (e) - 人の話を注意深く (f) - 相手が怒っている

解き方

問1 正解 参照 "want to be ~" は「~になりたい(と思う)」という意味。

 例 "I **want to be** happy." 「私は幸せ**になりたい**」

"be good at *do*ing(~)" は「~するのが上手だ・得意だ」という意味。

 例 "I'm **good at playing** the guitar." 「私はギターを弾く**のが得意だ**」

問題文 "Many people **want to be good at talking**" は「多くの人々が**話すことが上手になりたいと思っている**」という意味になる。

"in order to *do*(~)" は「~するために」という意味で，「目的」を表す副詞的用法の不定詞。

 例 "I'll do everything I can **in order to make** her smile." 「彼女を笑顔に**するために**私はできることは全てします」

"to be liked by other people" は受動形の不定詞句。"**in order to be liked** by other people" は「他人に**好かれるために**」となる。

問2 正解 参照 下線部 that reason は前文 "They always give other people energy, so they are very popular." 「彼らは常に人に元気を与えるので，とても人気がある」の内容を指している。さらに，この文中の二つの they はどちらも "people who talk very well" 「とても上手に話をする人」を指している。答えを作るときは「~という理由」でまとめる。

問3 we want to tell others how we feel 選択肢の動詞に目をつけて，その動詞の文型や表現を考えるとヒントをつかみやすい。want は want to *do*(~) の形で「~したい」という表現になるので，選択肢 to tell と合わせて "want to tell" という組み合わせを頭の中に置いておく。

tell は **SVOO** の文型（第4文型）をとれる代表的な動詞の一つ。tell + **O**(**人**) + **O**(**物事**) で「**人**に**物事**を伝える」という表現になる。**人** = others はすぐに見当がつくが，**物事** = ? はどうか。

残ったわずかな選択肢から考えられる，意味をなす組み合わせは"how we feel"となるが，そのように考えつくためには "How do you feel?"「どういう気分ですか」という表現が頭の中に入っていなければならない。how we feel は文中に組み込まれた間接疑問文の語順である。

　　What **do you want**?「何が欲しい？」【ふつうの疑問文】

　　Tell me what **you want**.「何が欲しいか言ってごらん」【間接疑問】

以上から "tell + others + how we feel" のように組み合わせて，「他人に私たちがどのように感じているかを伝える」という意味の組み合わせを作る。

なお，選択肢を並べかえると，"We want others to tell how we feel" という文でも文法的には成り立つが，直後の文から判断して文脈上適切ではない。

ポイント

SVOO（第 4 文型）

≫ 動詞の直後の名詞が「人，物事」と続く場合，**SVOO** の文型である。「**S** は **O**(人)に **O**(物事)を **V** する」と訳す。

　He　gave　his girlfriend　a birthday present.「彼は ガールフレンドに 誕生日プレゼントを あげた」
　S　 V　　O(人)　　　　O(物事)

第 4 文型をとる主な動詞は give「あたえる」，show「見せる」，send「送る」，tell「言う」，ask「たずねる」など。ここに挙げた五つは第 4 文型をとる代表的な動詞として覚えてしまおう。

　また，「物事」の目的語の位置に "that **SV**" や "疑問詞＋**SV**" といった **節**（**S + V** を含む意味のカタマリ）が置かれることもある。

　He　asked　his girlfriend　which movie was better.
　S　 V　　　O(人)　　　　O(物事)

「彼は ガールフレンドに どの映画がよいか とたずねた」

問 4　「正解」参照　not always は部分否定の表現。「いつも / 必ずしも～とは限らない」と訳す。so は節を結び付ける**等位接続詞**で，直前で述べられたことに対する「結果」が後に続く。「～なので，…」などと訳す。don't have to *do*(~) は「～する必要がない」，especially when **SV** (~) は「特に～する場合に」という意味。

ポイント

部分否定

≫ not のあとに，all, always, necessarily, both など「すべて」，「必ず」という意味合いの表現が置かれると，「すべて［いつも，必ずしも，両方とも］～とは限らない」と訳し，「すべてではなく一部例外がある」という意味合いになる。「すべてが～ない」や「必ず～ない」などとは訳さないので注意しよう。

The rich are **not always** happy.「金持ちが**必ずしも幸せとは限らない**」

"they", "them" は *l*.19 "the person who is talking to you" を指している。近年，性別を特定しない場合，単数であっても，he や she の代わりに they を用いることが増えている。解答例では，「あなたに話しかけている人」ということから，短く「相手」と訳してある。

問 5　③，⑦　最終段落に人の話を聞く際に注意すべきことが述べられている。③は *ll*.19 ～ 21 "You should look . . . you are listening" に合致しない。⑦は *ll*.21 ～ 23 "Also, they don't . . .

DAY 9

they are angry" に合致しない。

問 6 (A) -**in** (B) -**as** (C) -**in** (A) be interested in ~ 「~に興味がある」。(B) **A** such as **B** は「**B** のような **A**，**B** といった **A**」という意味の表現で **A** の具体例を **B** に示す。"emotions such as joy or fear" で「喜びあるいは恐怖といった感情」という意味になる。(C) look ＋ **人** ＋ in the ＋ **体の一部** で「**人** の **体の一部** を見る」という意味。"look ~ in the eye" で「~の目を見る」という意味になる。

読み下し訳 ≫完全和訳文は別 p. 19 参照。

❶ Do you want to be a good speaker? Or a good listener? Many people want to be good at talking in order to be liked by other people. People tend to come together around people who talk very well. They always give other people energy, so they are very popular. For that reason, many people believe that a person who is good at talking is likely to create good relationships. However, the truth is different. A person who is good at listening to other people is more likely to have good relations with the people around them.

❷ Why do good listeners have good relationships with others? There are generally two reasons for this. Firstly, we, as people, like ourselves. We are usually interested in things about ourselves. Therefore, we like a person who will listen to us.

❸ Secondly, we want to tell others how we feel. Many people feel better after complaining to someone about something. We can also get our anger out by telling someone about it. This is the same for emotions such as joy or fear. Human beings want people to listen to them.

DAY 9

❹ If　　you want to make good relationships in your life,　it is important to listen to others
　〈もし〜/〈あなたが築きたいと思う　　/よい関係を　　　/自分の人　　　/重要である　　　/耳を傾ける　　/人の話に
　なら〉　　　　　　　　　　　　　　　　　　　　　　　　生において〉　　　　　　　　　　　　　ことが

carefully.　You should look the person who is talking to you in the eye,　nod　　at the right time,
/注意深く。　/あなたは見るべきだ　/who以下の　/(その人は)　/あなた　/その人の目を　/うなずく　/適切な時に
　　　　　　　　　　　　　　　　　　ような)人を　　話しかけている　に　　　　　　　　　　　　べきだ)

and sometimes comment to show them that　　you are listening.　Also,
/そして/時々意見を言う(べきだ)　　　　/示すために　/彼らに　[〜とい　　あなたは話を　]。　　　また
　　　　　　　　　　　　　　　　　　　　　　　　　　　　　　　　うことを　聞いている

they don't always want to hear your opinion, so　　you don't have to give them
/彼らは必ずしも聞きたいとは限らない　　/あなたの意見を　　/だから/あなたは与える必要はない　　/彼らに

opinions or advice, especially when they are angry.
/意見やアドバイスを　　　　　〈特に〜のときは　　　/彼らが怒っている〉。

構文解説

＊1 For that reason, many people believe that a person who is good at talking is likely to create good relationships.

» 文構造は次の通り。

```
　副詞句
〈For that reason,〉 many people believe
　　　　　　　　　　　　　S　　　　　V
　名詞節　　　　　形容詞節
[that a person (who is good at talking) is likely to create good relationships].
　　　　　S′　　　　　　　　　　　　　　　　　V′　　　　　　　　O′
O
```

» that は名詞節を導く接続詞。that 節の範囲は文末までで、全体で believe の目的語となっている。that 節内の主語は a person で、関係代名詞 who が導く形容詞節 "who is good at talking" が a person を修飾している。be likely to do(〜)は「〜しそうだ」という意味で、"is likely to create" というカタマリを that 節内の動詞 (V′) と考えるとよい。

＊2 You should look the person who is talking to you in the eye, nod at the right time, and sometimes comment to show them that you are listening.

» 文構造は次の通り。

```
　　　　　　　　　　　　形容詞節
You should ┬ look the person (who is talking to you) in the eye,
　　　　　　│　　副詞句
　　　　　　├ nod 〈at the right time,〉
　　　　　　│　　and
　　　　　　└ 〈sometimes〉 comment
　副詞句　　　　　名詞節
〈to show them [that you are listening]〉.
```

» look, nod, comment の三つの動詞が並列関係にある。"to show ... listening" は「目的」を表す副詞的用法の不定詞句。これら三つの動詞にかかって、「聞いていることを示すために look し、nod し、comment するのがよい」という内容になっている。

» "look +Ⓐ+ in the eye" は「Ⓐの目を見る」という意味の決まり文句。自動詞として使うことが多い look だが、他動詞として使うこの表現も覚えておこう。

» show は、ここでは "show + O₁ + O₂" 「O₁ に O₂ を示す」の構造をとっていて、それぞれ O₁ = them, O₂ = that 節となっている。

DAY 10 上を見上げて考える習慣

正解

設問レベル1 問1 (a)-③ (b)-① (c)-② 　問2 (A)-④ (B)-② 　問3 おそらく，ものを考えるときに上を見る理由は，私がかつてよく見ていたアニメのキャラクターの記憶なのかもしれない。　問4 別の学説によると，見上げることで首に刺激があたえられ，脳への血流がよくなり，脳がよく働くようになる。　問5 ②，⑤

設問レベル2 (a)-時々見上げる　(b)-不必要な考え　(c)-首に刺激　(d)-脳がよく働く　(e)-様々な学説

解き方

問1 (a)-③ (b)-① (c)-②

(a) 先行詞は cartoon characters で，空所の後ろは主語が欠落していることから，「人」を受ける**主格の関係代名詞**である who が入る。

(b) 先行詞は the content of their thoughts で，空所の後ろには主語が欠落していることから，「もの」を受ける主格の関係代名詞である which が適切。関係代名詞の直前にカンマを置く**非制限用法の関係代名詞**（→ DAY 8, 問3 ポイント 参照）であるが，空所補充の基準は変わらない。

(c) 先行詞は a place で，空所の直後は "something won't come into view"「何かが視線に入ってくることがない」と名詞の欠落のない文になっているので，空所に関係代名詞は入らない。「場所」を受ける**関係副詞**の where が適切。

ポイント

関係詞の空所補充問題

》関係詞の空所補充問題は読解問題にも出題される。空所補充攻略のためには「関係詞が後続の文の中でどのような働きをしているのか」を把握することである。

関係代名詞：関係代名詞で始まる節の中は主語や目的語といった名詞の欠けた「不完全」な文になる。

"先行詞（　　　）動詞" →主語が欠けているので主格の関係代名詞（先行詞が人→ who；人以外→ which）を（　　　）に補充。

"先行詞（　　　）SV（他動詞）" →目的語が欠けているので目的格の関係代名詞（先行詞が人→ who または whom；人以外→ which）を（　　　）に補充。

"先行詞（　　　）無冠詞の名詞" →「無冠詞の名詞」を修飾する関係代名詞が空所に入るので所有格の関係詞（whose）を（　　　）に補充。

関係副詞：関係副詞で始まる節の中は名詞の欠けていない「完全な文」になる。

"「場所」を表す先行詞（　　　）完全な文" →関係副詞 where を補充。
"「時」を表す先行詞（　　　）完全な文" →関係副詞 when を補充。

関係詞を選ぶ問題では後続の文構造を見て「名詞が欠けている不完全な文」であれば「関係代名詞」を，「名詞が欠けていない完全な文」であれば「関係副詞」を選ぼう。

DAY 10

問2 (A) - ④ (B) - ②

(A) 空所の直前の文には「なぜものを考えるときに見上げることが時々あるのか」と述べられている。空所の直後を見ると、前文に述べた「考えるとき」の具体例として、「何かを思い出すとき」、「ある計画について考えるとき」、「難しい問題を解決しようとするとき」などが挙げられているので、空所には具体例を挙げる際に使う目印である for example「例えば」が適切。

(B) 空所の直前の文は「下を向いても視界に入らないかもしれないが、おそらく人はあなたが何か心配事があるのかとか、恥ずかしがり屋なのかと思ってしまうだろう」という意味。この文と「無意識に上を見るようになるのだ」という直後の文は「原因と結果」の関係になっているので、空所には結果を示す際に使う目印である as a result「その結果として」が適切。

問3 「正解」参照 文構造は次の通り。

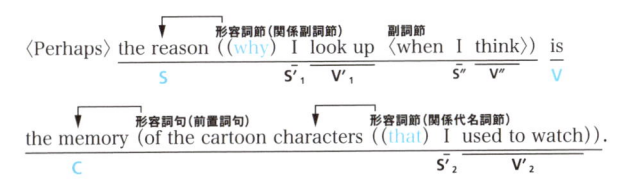

⟨Perhaps⟩ the reason ((why)) I look up ⟨when I think⟩ is
  S   形容詞節(関係副詞節) 副詞節   V
             S'₁ V'₁   S" V"

the memory (of the cartoon characters ((that)) I used to watch)).
     C   形容詞句(前置詞句)   形容詞節(関係代名詞節)
                                  S'₂ V'₂

"the reason I look up when I think" は、reason の後に関係副詞 why が省略されており、形容詞節 "I look up when I think" が the reason にかかる構造になっている。意味は「私がものを考えるときに上を見る理由」となる。

"the cartoon characters I used to watch" は、characters の後に関係代名詞 which[that] が省略されており、形容詞節 "I used to watch" が the cartoon characters にかかる構造になっている。意味は「私がかつてよく見ていたアニメのキャラクター」となる。なお、used to *do*(~) は「かつてよく~した」という意味。"**名詞＋SV**"の見た目になっている場合、名詞の直後に関係詞が省略されている可能性を考えるとよい。

問4 「正解」参照 文構造は次の通り。

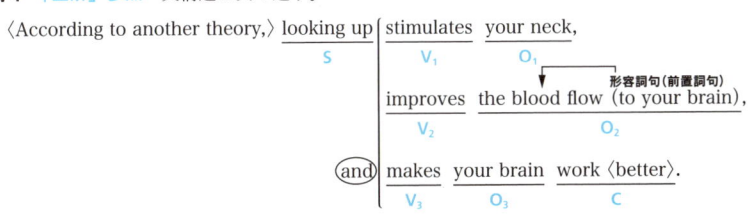

⟨According to another theory,⟩ looking up │ stimulates your neck,
                                 S   │ V₁   O₁
                                          │   形容詞句(前置詞句)
                                          │ improves the blood flow (to your brain),
                                          │ V₂   O₂
                                          │ (and) makes your brain work ⟨better⟩.
                                          │   V₃   O₃   C

according to ~「~によると」。looking up「見上げること」は動名詞で、この文の主語である。動詞は stimulates「~に刺激を与える」、improves「~を改善する」、makes「~に…させる」の三つが並べられている。三つ以上の要素を並べる場合、"**A, B, C, ... (,) and D**"のように最後の要

素の前にのみ and を置くことが多い。
makes your brain work better は "make + **O** + **C**［＝原形不定詞］"「**O** が **C** するようにする，**O** に **C** させる」の文型をとっている。直訳すれば「あなたの脳がもっとよく働くようにする」となる。なお，looking up は無生物なので，解答例のように訳すとより自然な日本語になる。

問5 ②，⑤

① 「雲のようなものが筆者の想像力を驚くべきもの，面白いものにさせた」という記述は本文にない。*ll*.5～6 に "surprising and amusing" というフレーズが出てくるが，*ll*.4～6 "When a character ... surprising and amusing" に書かれているのは，「マンガの登場人物が想像した内容は頭の上に浮かんだ「雲」（＝フキダシ）の中に描かれ，その内容は驚くような愉快な内容であることが多い」ということである。

② 「何かを思い出そうとしている，あるいは難しい問題を解こうとしているときは，頭を上げ，目は閉じるかもしれない」は，*ll*.8～10 "you may look up ... a difficult problem" に合致する。

③ 「ものを考えるときに見上げるために，不必要な思考は避けるようにしたほうがよい」という記述は本文にない。*l*.13 に "trying to avoid unnecessary thoughts" というフレーズが出てくるが，この部分を含む一文，"According to ... unnecessary thoughts" に書かれているのは，「科学者らによれば，人がものを考えるときに上を見るのは，不必要なことを考えないようにするためらしい」ということである。

④ 「下を向くことで視界に入らないものがあるかもしれないが，その場合，常に人々はあなたが何か心配事があると思う」は，*ll*.17～18 "Also, by looking down ... worried or shy" に合致しない部分がある。それは「常に…思う」の部分で，「常に」ではなく「おそらく」となっている。

⑤ 「見上げることに関するもう一つの学説は，見上げることで脳の血流がよくなり，脳がよりよく働くということである」は，*ll*.20～21 "According to another theory ... work better" と合致する。

読み下し訳　≫完全和訳文は別 p. 21 参照。

❶ Have you ever looked up when thinking? I often do. When I was a child, I liked watching cartoons. I would often see cartoon characters who would look up while thinking and come up with a good idea. When a character looks up when they think, a cloud often appears above them. It shows the content of their thoughts, which is often surprising and amusing. Perhaps the reason I look up when I think is the memory of the cartoon characters

DAY 10

I used to watch.
（私が昔よく見た）。

❷Why do you sometimes look up when you think?　For example, you may look up when
　なぜあなたは時々見上げるのだろうか　　　　　〈考えているときに〉。　　例えば　　　　　／あなたは見上げる　　　　　　〈〜とき
　　かもしれない

you remember something, think about a plan, or　try to solve a difficult problem.
／あなたが思い出す　／何かを　／考える／ある計画について　ある／解決しようとする　／難しい問題を〉。
　　　　　　　　　　　　　　　　　　　　　　　　　いは

Some people turn their eyes to the ceiling; others raise their head and close their eyes.
　一部の人々は向ける　　　／目を　　／天井に　　別の一部の／人々は上げる　／頭を　　／そして／閉じる　／目を。

❸According to scientists, looking up while thinking seems to result from trying to avoid
　科学者によると　　　　／見上げること〈考えている間に〉は／生じるらしい　　　／避けようとすることから

unnecessary thoughts.　If　　you see something while thinking, you turn your attention to it,
／不要な考えを。　　　もし〜／あなたは／何かを　　〈考えている間に〉〉／あなたは／注意を　　　／それに
　　　　　　　　　　　なら　目にする　　　　　　　　　　　　　　　　　　　　　向ける

but　by doing so, you may not be able to concentrate.　It is said that in order to avoid
／しかし／そうすることによって　／あなたは集中できないかもしれない。　　言われて／［〜と／避けるために
　　　　　　　　　　　　　　　　　　　　　　　　　　　　　　　　　　　　いる

this situation, you unconsciously look up at a place　where something won't come into view.
／この状況を　　／あなたは無意識に見上げる　　　　〈where以下のような〉場所を　　〈（そこでは）／何かが視界に入ってくることがない〉。

Also, by looking down, something may not come into view, but　people would probably think
／また　／下を見ることによって／何かが視界に入ってくることはないかもしれない　／しかし／人々はおそらく〈次のように〉思うだろう

you were worried or　shy.　　　As a result, you unconsciously learn to look up.
〈あなたは（何か）　　ある　恥ずかしがり／その結果　　／あなたは無意識に〈（to以
　心配事がある　　　　いは　屋であると〕。　　　　　　　　　　　　　下のこと）をするようになる　／見上げる。

❹According to another theory, looking up stimulates your neck, improves the blood flow
　別の学説によれば　　　　　　　／見上げることが刺激する　／首を　　　／向上させる　／血流を

to your brain, and makes your brain work better.　If　　your brain works　efficiently,
／脳への　　／そして／させる　／脳が　　もっとよく　　もし〜／脳が働く　　　　　　／効率的に〉
　　　　　　　　　　　　　　　　　　　　働くように。　なら

you may be able to call up memories or　come up　with a good idea.
／あなたは呼び起こすことが　　　／記憶を　　ある／思いつく（ことがで／よい考えを。
　できるかもしれない　　　　　　　　　　　いは　きるかもしれない）

❺There are various theories about thinking and looking up, so　it could be interesting to think
　様々な学説がある　　　　　／考えることと見上げることについて　　／だから／おもしろいのかもしれない　／考えることは

about it while looking to the sky!
／そのことについて〈目を向けながら　　／空へ〉！

構文解説

*1 I would often see cartoon characters who would look up while thinking and come up with a good idea.

» 文構造は次の通り。

I would often see cartoon characters 〈who would ┬ look up 〈while thinking〉
　　　　　　　　　　　　　　　　　　　形容詞節(関係代名詞節)　　　　副詞句
　　　　　　　　　　　　　　　　　　　　　　　　　　　　and
　　　　　　　　　　　　　　　　　　　　└ come up with a good idea〉.

» 関係代名詞 who が導く関係代名詞節 "who ... idea" は，形容詞節として先行詞 "cartoon characters" にかかっている。この形容詞節内は動詞 look と come が並列関係にある。
» would (often) は「過去の習慣」を表し，"would often see" は「よく見たものだ」，"would look up ... come up with ~" は「(何か問題が発生すると) よく上を見ては思いつく」などと解釈する。
» "while thinking" は "while they [= cartoon characters] were thinking" の主語と be 動詞を省略した形 (→ **DAY 8** 構文解説 ***3** 参照)。

*2 According to scientists, looking up while thinking seems to result from trying to avoid unnecessary thoughts.

» 文構造は次の通り。

〈According to scientists,〉
副詞句

looking up 〈while thinking〉 seems to result from trying to avoid unnecessary thoughts.
　　　　　　　副詞句
　　S　　　　　　　　　　　　　V　　　　　　　O

» 主語は動名詞句 "looking up while thinking" で，副詞句も含んでやや長くなっている。seem は単独では使わず，"seem to do" で意味を成す動詞であり，また，動詞 result も単独では使わず，"result from ~" で「~の結果生じる」という意味を成す。したがって，ここでは "seems to result from" というカタマリを動詞 (**V**) と考えるとよい。

*3 It is said that in order to avoid this situation, you unconsciously look up at a place where something won't come into view.

» "It is said that ~" については **DAY 7**・構造解説・***3** を参照。that 節内の文構造は次の通り。

... 〈in order to avoid this situation,〉 you unconsciously look up at
　　　　副詞句　　　　　　　　　　　　　S　　　　　　　　V

a place 〈where something won't come 〈into view〉〉.
　　　　　形容詞節(関係副詞節)
O　　　　　　S'　　　　　　V'

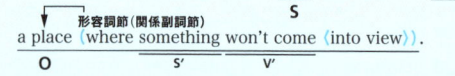

» "in order to do(~)"「~するために」は「目的」を表す副詞的用法の不定詞句。
» "look up at" というカタマリを動詞 (**V**)，"a place ... view" をその目的語と考えるとよい。where は関係副詞で，関係副詞節 "where ... view" は形容詞節として先行詞 a place を修飾している。

DAY 11 | 犬と猫の学習の違い

正解

設問レベル1 問1 (A)-③ (B)-① (C)-② (D)-④ 問2 ④ 問3 ① 問4 ①
問5 ① 問6 ③ 問7 ①
設問レベル2 (a)-学び方 (b)-犬 (c)-集団 (d)-猫 (e)-単独 (f)-ボス (g)-同等

解き方

問1 (A)-③ (B)-① (C)-② (D)-④

(A) 空所の直前の文で，犬と猫は学習の仕方が違うと述べ，空所を含む文とその次の文で，犬はエサで転がることを教えられるが，猫はそう簡単にはいかない，と具体例を挙げて説明しているので，「例えば」という意味の For example が入る。

(B) 直前の文は「猫は箱をトイレに使うことを学習するのに時間がかからない」と述べているが，空所を含む文では「犬のほうはいつどこでトイレをすればよいかを学習するのに猫より時間がかかる」とあるので，「しかしながら」という意味の However が入る。

(C) 直前の文は「猫は飼い主を同等とみなす」と述べており，空所を含む文ではその結果として「猫は喜ばせる努力をしない」とあるので，「したがって」という意味の Therefore が入る。

(D) 空所を含む文は英文全体のまとめの位置づけになっているので，「結論として」という意味の In conclusion が入る。

問2 ④ 空所を含む文より以前に，「犬はエサで転がることを教えられるが，猫に教えるのは犬よりずっと難しい」とあり，このことから「猫は犬ほど（　　　）ではない」と思い込みがちだが，実はそうではない，という文脈になっている。このことから空所に入ると考えられる選択肢として，①「狂っている」，②「難しい」，③「かわいい」，④「賢い」から選ぶ。「教えるのが難しい」というのだから，「賢くない」が適切と判断できる。

問3 ① 下線部の文構造は以下の通り。

Their learning styles influence
 S   V
the types of things (that you can teach these animals to do).
 O   S' V'   O'₁   O'₂
 形容詞節（関係代名詞節）

"Their learning styles" は「犬と猫の学習スタイル」，"influence" は「影響を与える」で，**SV** の部分は「犬と猫の学習スタイルが～に影響を与えている」ということ。"teach + **O** + to *do*(~)"

は「**O** に～の仕方を教える」であるから，"you can teach these animals to do" は「あなたはこれらの動物にやり方を教えることができる」という意味。何の「やり方」かというと，それが関係代名詞 that の先行詞として前に出ている "the types of things" である。したがって，"the types of things that . . . to do" の部分は「あなたがこれらの動物にやり方を教えることができることの種類」となる。

以上から，下線部の内容は「犬と猫は学習スタイルが違うので，**教えられることも違ってくる**」ということになる。

問4 ① 文法的にはどの選択肢（疑問詞）も前置詞 about の後に置くことができるので（下記の例参照），文意から適切なものを選ぶことになる。実際に選択肢を入れてみて，適切な文脈になるものを選ぼう。

犬や猫が
① 野生の中でどのような行動をしているか
② 野生の中で何を演じているか
③ 野生の中のどこで行動しているか
④ 野生の中で行動しているかどうか
について考える必要がある。

例 ① She told me about how she had found the box.「彼女は私にどのようにしてその箱を見つけたのかを話してくれた」
② I don't care about what she says about me.「彼女が私のことをどう言っているかなど気にしていない」
③ Think about where you are.「（自分が今どこにいるか考えなさい→）場所柄をわきまえなさい」
④ I'm wondering about whether I should return to the United States or not.「私はアメリカに戻るべきかどうか思案している」

問5 ① 本問は "have to do with ~" という表現の意味を問う問題。この表現は「～と関係・関わりがある」という意味。ほぼ同じ意味を表すのは選択肢①に含まれる be related to である。他の選択肢：② be satisfied with ~「～に満足している」，④ be tired with ~「～にうんざりしている」。③は特に意味を成さない。

問6 ③ let ＋ **O** ＋ *do*(~)「**O** に～させる」がポイント。let は「許可」の意味合いを持つ使役動詞で，allow ＋ **O** ＋ to *do*(~) と同意である（allow のほうが堅い表現）。つまり，"you will let it live with you" は "you will allow it to live with you" に置き換えることができる。

DAY 11

ポイント

使役動詞

» make, have, let は make/have/let + O + do(~) の形をとり、「O に～させる」という意味を表す。
make は「(強制的に)～させる」、have は「(依頼して)～させる・してもらう」、let は「(許可して)～させる」という意味合いになる。

His mother made him practice the piano.「母は彼にピアノの練習をさせた」
I had him repair my bike.「私は彼に自転車を修理してもらった」
Let me use your computer.「私にあなたのコンピューターを使わせてください」

make は force/cause + O + to do に、have は order + O + to do に、let は allow + O + to do にそれぞれ置き換えることができ、より堅い、文章体に適した表現になる。

問7 ① 第1段落では「猫と犬は学習の仕方が異なる」と主張し、第2, 3段落では犬と猫を対比させて、異なる理由を述べている。以上の内容を踏まえて①「猫と犬の違い」を選ぶ。その他の選択肢：②「猫と犬の友情」、③「猫が犬よりも速く学習するしくみ」、④「犬が猫よりも速く学習するしくみ」

読み下し訳 »完全和訳は別 p. 23 参照。

❶You may have noticed that / cats and dogs learn differently. / For example, you can teach dogs / to roll over for a piece of food. / It is a lot harder, on the other hand, to teach cats. / But that does not mean that / cats are not as smart as dogs. / It also does not mean that / dogs learn faster than cats. / Dogs and cats simply learn differently. / Their learning styles influence the types of things that you can teach these animals to do. / For example, it takes no time for cats to learn to use a special box as a toilet. / However, dogs take more time to learn where and when they should go to the toilet.

❷Why are these animals different? / You have to think about how these animals act in the wild. / If something is natural for an animal to do, it is easier for the animal to learn. / But why can people teach dogs to sit but not cats? / Cats and dogs indeed both sit in the wild,

DAY 11

after all. This actually has to do with the fact that dogs live in groups in the wild, but cats live
alone. In a group of wild dogs, there is one powerful male that is the boss.
All of the other dogs work to please this boss. When a dog comes into a person's house
to live, the person in the house becomes the boss. Your dog naturally wants to please you
so that you will let it live with you.

❸ Cats are different. Cats do not live in groups with a boss. When a cat comes to live
at your house, it sees you as an equal. Therefore, it will not try so hard to please you.
In conclusion, cats and dogs have different reasons for learning the things they do.

構文解説

*1 It is a lot harder, on the other hand, to teach cats.

» 文構造は次の通り。

It is a lot harder, 〈on the other hand,〉 to teach cats.
(S) V   C   副詞句   S

It は to teach cats を受ける形式主語（→ **DAY 7**・構文解説・***4** 参照）。"on the other hand"「一方」は、前の文と「対比（二つのものを並べ合わせて、違いやそれぞれの特性を比べること）」のつながりがあることを示し、***1** のように文の中に割り込むことがある。この現象を「挿入」という。挿入が出てきたら、(1)かっこでくくって、(2)いったん無視して外側をつなぐ、という２点を意識して読むと、文構造がつかみやすくなる。

» a lot は比較級 harder を強調する修飾語。比較級の直前の much/a lot/far/even/still などは比較級の強調語と考えられる。

❶ John is much taller than Sam. → John と Sam の身長差がとても大きいことを表す。
❷ John is even taller than Sam. → Sam も背が高いが、John は Sam よりもさらに高いことを表す。
much/a lot/far は「はるかに、ずっと」、even/still は「いっそう」などと訳すとよい。

*2 ... it takes no time for cats to learn to use a special box as a toilet.

» 文構造は次の通り。

it takes no time for cats to learn to use a special box as a toilet.
(S) V O   S

it は "for cats to learn ... toilet" を受ける形式主語。to 不定詞の意味上の主語を明示したい場合に、to 不定詞の直前に for ~ を置いて表す（→ **DAY 4**・構文解説・***2** 参照）。"for ~ to do(...)" は、名詞的用法の不定詞であれば、原則的に「～が…すること」と解釈しよう。

DAY 11

> » "S + take + 時" は「S は時がかかる」ということ（ ***2** では "takes no time" なので「時間がまったくかからない」となる）。
>
> 例 This job will take some time.「この仕事はちょっと時間がかかるだろう」
> オプションで to 不定詞を伴うことも可能。

*3 . . . the fact that dogs live in groups in the wild, but cats live alone.

> » the fact の具体的な内容が that 節以下で説明されている。この that 節を「同格名詞節」という。「事実，考え，知らせ」などを表す名詞の直後にある that 節は，その節内が主語や目的語などの欠落のない完全な文である場合，「同格名詞節」である可能性が高い。"the fact/idea/news/etc. that 節(~)" で「～という事実 / 考え / 知らせ」と意味を取るようにしよう。
> ❶ the fact that he accepted the money「彼がその金を受け取ったという事実」【完全な文】
> ❷ the fact that he accepted「彼が受け入れた事実」【accepted の目的語が欠落→ that は関係代名詞】

*4 In a group of wild dogs, there is one powerful male that is the boss.

> » 文構造は次の通り。

```
     副詞句                            形容詞節(関係代名詞節)
〈In a group of wild dogs,〉 there is  one powerful male 〈that is the boss〉.
                                 V           S
```

> » "there is ~"「～がある・いる」。that は主格の関係代名詞。that 節の直後が動詞となっており主語が欠けているように見えるので，その主語が関係代名詞 that であると判断する。that 節は先行詞 one powerful male を説明している。「ボスである一匹の力強いオス」と訳すことができる。

*5 Your dog naturally wants to please you so that you will let it live with you.

> » 文構造は次の通り。

```
Your dog 〈naturally〉 wants to please you
   S                    V            O
                                          副詞節
                                    〈so that you  will let  it  live 〈with you〉〉.
                                             S'    V'       O'   C'
```

> » "so that" は「目的」を表す場合と「結果」を表す場合とがあるが， ***5** では「目的」を表している。副詞節を導き，ここでは "please (you)" を修飾している。すなわち，「（あなたを）喜ばせる」目的は，「あなたがその犬を一緒に生活させてあげること」だということ。
> » "let + O + do(~)" は「O に～させる・させておく」「O が～することを許す」という意味の使役表現。

*6 . . . the things they do.

> » 見た目が "名詞 + SV" となっている場合，関係詞の省略が考えられる。
> the things which[that] they do「彼ら [＝犬や猫] がすること」

DAY 12 | 市場調査

正解

設問レベル1 問1 ④　問2 ③　問3 ②　問4 ④　問5 ①　問6 ③
問7 (A)-③　(B)-④　(C)-①　(D)-②　(E)-④　(F)-③　問8 (X)-どれほど慎重に計画しても，市場調査は事業の成功を予言する魔法の道具ではない。　(Y)-事業主が適切な判断するのに役立つことがあるので，これを専門にしている会社はたくさんある。

設問レベル2 (a)-分析　(b)-市場　(c)-消費者　(d)-略式　(e)-要求　(f)-統計
(g)-実験　(h)-促進　(i)-動機　(j)-潜在

解き方

問1 ④　問「この文章の主なテーマは何か」 ll.3〜5 "Collecting and analyzing . . . marketing research." から判断する。この文章は marketing research が話題の中心であるが，そもそも marketing research とは何かをこの部分で説明している。④「市場調査が事業でより適切な判断をすることにつながるかもしれない」は，この部分の内容に合致する。①「市場調査は，どうすれば成功できるのかをはっきりと企業にわからせてくれる」は，ll.6〜7 "However carefully planned . . . business success" に合致しない。市場調査で誤った判断をしてしまう可能性は減らせても，商売で成功するための「魔法の道具」とはならない，というわけである。②「客の考えを理解することは難しい」は，ll.9〜10 "Some big companies . . . grasp buyers' desire" や ll.11〜12 "there are other . . . what the customers think" に合致しない。お金を出せば消費者が欲しいものを把握することはできるし，お金をかけなくても客が考えていることを理解する方法はある，というわけである。③「調査方法の中にはすでに時代遅れになっているものもある」は本文に言及がない。

問2 ③　問「市場調査についての記述で当てはまらないものはどれか」 ③「入念に計画された調査は，企業のトップに正しい行動を常に示してくれる」は ll.6〜7 "However carefully planned . . . business success" に合致しない。①「その（＝市場調査の）目的は顧客のニーズを見つけ出すことだ」は ll.9〜12 "Some big companies . . . what the customers think" に合致する。②「消費者の詳細な情報を収集し，分析することはその（＝市場調査の）一部である」は ll.3〜5 "Collecting and analyzing . . . marketing research." に合致する。④「市場調査の結果は必ずしも当てはまるとはかぎらない」は ll.6〜7 "However carefully planned . . . business success" に合致する。

問3 ②　問「略式調査には（　　）を除く次のうちのいずれの内容も含まれる」 informal

research「略式調査」は第4段落で述べられていることであるが，②「模擬的な目標市場を決定すること」は第6段落の test marketing「市場実験」で述べられていることである。その他の選択肢：①「製品やサービスを買った人々と会うこと」，③「事業主に顧客からの『明らかになった要求』を提供すること」，④「顧客にかなり直接的に接すること」

問4　④　問「本文によると，市場実験は（　　　）」「市場実験」については第6段落に書かれてある。④「新しい製品が思った通りよく売れるかどうかチェックするために使われる」は，特に $ll.25 \sim 26$ "Test marketing is . . . evaluate new products" に合致する。①「製品に対する客の態度を明らかにするために広く受け入れられている手段である」，②「客のニーズを理解するために数値の分析を用いる」，③「企業がアンケートを作ったり，販売促進作戦を練ったりする助けとなる場合がある」は第5段落の a statistical survey「統計調査」の説明である。

問5　①　問「本文によれば，動機調査に関する記述のうち当てはまらないものはどれか」「動機調査」については最終段落に書かれているが，①「それは母集団全体から多くのデータを収集することもその一部である」は書かれていない。その他の選択肢：②「それは客が本当は何を考えているかを見つけ出すために用いられる」，③「それは客から綿密な聞き取り調査をすることがよくある」，④「心理学や行動科学の専門家が聞き取り調査の分析をすることが多い」

問6　③　問「この文章には（　　　）という内容の段落が続く可能性がある」各段落を簡潔にまとめると次のようになる。第1段落「市場調査とは？」，第2段落「市場調査の利点」，第3段落「様々な市場調査方法」，第4段落「略式調査」，第5段落「統計調査」，第6段落「市場実験」，第7段落「動機調査」。次に続く段落の可能性としては，「動機調査」をさらに具体的に説明する内容か，様々な調査方法を紹介した後の「まとめ」が考えられる。選択肢には「動機調査」に関する内容がないので，「まとめ」として「市場調査の価値を再び述べる」③が適切である。その他の選択肢：①「市場実験の成功事例」，②「どのように代替戦略は計画されるか」，④「施策を誤った企業の例」

問7　(A) - ③　(B) - ④　(C) - ①　(D) - ②　(E) - ④　(F) - ③　下線部の語(句)と，それに近い意味を持つ語(句)はセットで覚えておこう。
(A)　lead to「～につながる」は主語が「原因」，to の目的語が「結果」となる「因果関係」を示す動詞句。同じ関係性を示すのが③ result in。result in は「という結果になる」という意味内容を表す。その他の選択肢：①「～を指し示す」，②「～にくっつく；～にこだわる」，④「～に起因する，～の結果生じる」

DAY 12

> **ポイント**
>
> 「因果関係」を示す動詞(句)
> 》原因と結果の関係すなわち「因果関係」を示す動詞は設問に関わってくることが多いので，しっかり覚えていこう。
>
> **S**（原因）＋ **V** ＋ **O**（結果）「**S** が原因で **O** という結果になる」
> 　　・cause　　・bring about　　・lead to　　・result in
>
> **S**（結果）＋ **V** ＋ **O**（原因）「**S** という結果は **O** が原因で生じる」
> 　　・result from　　・come from　　・arise from

(B)　grasp「～を理解する・把握する」≒ ④ understand「～を理解する」。その他の選択肢：①「～を手渡す」，②「～にたどり着く」，③「～を与える」。

(C)　utilized「利用されている」≒ ①「使われている」。utilize は書き言葉で use の代わりに使われる。その他の選択肢：②「受け入れられる」，③「告げられる」，④「売られる」。

(D)　essential「極めて重要な」≒ ②「重要な」。その他の選択肢：①「親切な」，③「難しい」，④「容易な」。

(E)　obtain「～を得る」≒ ③「～を得る」。obtain は書き言葉で get の代わりに使われる。その他の選択肢：①「反対する」，②「～を持っている」，③「～を観察する」。

(F)　purchasing「～を購入すること」≒ ③「～を買うこと」。purchase は書き言葉で buy の代わりに使われる。その他の選択肢：①「～を売ること」，②「～を得ること」，④「～を持っていること」。

問 8　「正解」参照

(X)　文構造は次の通り。

副詞節
〈〈However carefully〉 (it is) planned,〉

　　　　　　　　　　　　　形容詞句(不定詞句)
marketing research　is not　a magic-tool (to predict　business success).
　　　S　　　　　　　V　　　　　　C　　　　　　V'　　　　　O'

"However carefully planned" は "however ＋**形容詞**／**副詞**(～) ＋ **SV**"「**S** がどれほど～でも／**S** がどれほど～に **V** しても」の **SV** が省略された形。「譲歩」の意味を表す。it (＝ marketing research) is が省略されている。"to predict business success" は "a magic-tool" を修飾する形容詞的用法の不定詞句。

(Y)　文構造は次の通り。

　　　　　　　　　　　形容詞節(関係代名詞節)
〈There〉 are　many companies (that specialize in this),
　　V　　　　　　S

副詞節
〈since　a statistical review　may help　business owners　make proper judgments〉.
　　　　　　　S'　　　　　　　V'　　　　　O'　　　　　　　C'

"that specialize in this" は関係代名詞 that が導く形容詞節。that は主格の関係代名詞で，先行詞

は many companies である。"specialize in ~" は「〜を専門に扱う」、"this" は「統計調査」を指す。since は「理由」を表す副詞節を導き、「〜だから」などと訳出する。"help + O + (to) do (~)" は「O が〜するのを手助けする・役立つ」という意味。不定詞の to は省略される場合があることにも注意しよう。

ポイント

help を用いた表現
≫次の表現を覚えておくと help の解釈がかなり楽になるので、しっかり覚えておこう！

❶ help ＋人＋ with ＋物　　「**人の物**を手伝う」
   Can I help you with the dishes?「お皿洗いを手伝いましょうか？」

❷ help (to) do(~)　「〜するのを手伝う、〜するのに役立つ」
   Exercise helps make us healthier.「運動は私たちがより健康になるのに役立つ」

❸ help ＋ O ＋ (to) do(~)　「O が〜するのを手伝う、O が〜するのに役立つ」
   I believe John can help you find your daughter.「あなたの娘さんを見つけるのにきっとジョンがお役に立てると思います」

読み下し訳　　≫完全和訳文は別 p. 25 参照。

❶The success of any business is derived from its ability to fulfill consumers' needs.
　どんな事業の成功も導き出される／その事業が持つ（to以下をする）能力から／満たす／消費者のニーズを。

Uncovering such needs is a priority for every business decision maker.
　そのようなニーズを明らかにすることは／優先事項である／あらゆる事業の意思決定者にとって。

Collecting and analyzing consumer information in detail may lead
　収集し、分析すること／消費者の情報を／詳細に／つながるかもしれない

to the success of the business. This process is called marketing research.
　／その事業の成功に。　この過程は呼ばれている／市場調査と。

❷However carefully planned, marketing research is not a magic-tool to predict business success.
　どれほど慎重に計画されたとしても／市場調査は（to以下のための）魔法の道具ではない／予言する／事業の成功を。

※1
Nevertheless, it enables business people to reduce the chances of taking wrong steps
　それにもかかわらず／それは可能にする／実業家が減らすことを／（of以下の）機会を／間違った行動をとる

in decision-making.
　／意思決定において。

※2
❸Some big companies are wealthy enough to spend billions of dollars on marketing research
　一部の企業は／（to以下が）できるくらい裕福である／費やす／数十億ドルを／市場調査に

to grasp buyers' desire and identify target markets. On the other hand, there are
　把握するために／消費者の願望を／そして／特定する（ために）／対象販売層を。　他方では／ある

other, more economical approaches to understanding what the customers think. There are
　／他のもっと安価な方法が／理解するための／何を客が考えているかを。　ある

several types of research methods that can be utilized in different business circumstances
/いくつかのタイプの（that 以下のような）調査方法が　／((それは) 利用される　／様々なビジネス環境で)

as follows:
/(それは)　次の通り

❹Informal research is usually conducted through talking with customers as well
/略式調査はふつう行われる　／話をすることを通じて　／消費者と

as with retailers or wholesalers. Through this practice, business leaders are able to find
/小売業者や卸売業者だけでなく。　／これを実践することで　／ビジネスリーダーらは見つけることができる

the "hidden wants" of the customers or clients. For example,
/「隠れた欲求」を　／客や取引先の。　／例えば

the owner of a restaurant may talk to customers to check their dining preferences
/レストランのオーナーは話しかけるかもしれない　／客に　／調べるために　／客の食事の好みを

before revising the menu.
/変える前に　／メニューを。

❺A statistical survey is also widely accepted as a measure to determine customers' attitudes
/統計調査も広く受け入れられている　／(to 以下をする)手段として　／見つけ出すための　／客の考え方を

toward products. There are many companies that specialize in this, since
/製品に対する。　／(that 以下のような)企業がたくさんある　／(それは)専門にしている　／これを。　／〜であるから

a statistical review may help business owners make proper judgments.
/統計的な説明が(次のことに) 役立つかもしれない　／事業主が行うのに　／適切な判断を)。

Producing questionnaires and analyzing the responses are essential parts of a statistical survey.
/アンケートを作成すること　／そして／その回答を分析することは　／きわめて重要な部分である　／統計調査の。

❻Test marketing is a common method used when businesses attempt to evaluate new products.
/市場実験は（次のような）一般的な方法である　／〜するときに使われる　／企業が評価しようとする　／新製品を)。

After deciding on a region or city as a mock-target market, they start selling a product before
/(決定した後　／地域や都市を　／模擬的目標市場として)　／企業が売り始める　／製品を　／(〜する前に

the official sales promotion starts. They can obtain first-hand information from customers
/正式な販売促進が始まる)。　／得ることができる　／直接の情報を　／客から

about the product. If customers' reactions are not as welcoming as expected,
/その製品について。　／(もしなら　／客の反応が (as 以下ほど) 芳しくない　／予想されたほど)

the firm may have to find alternative products or different strategies for selling the products.
/その会社は見つけなければならないかもしれない　／代わりの製品を　／あるいは様々な戦略を　／売るための　／その製品を。

The result may also help the firm select proper promotional tactics.
/その結果も役立つかもしれない　／その会社が選択するのに　／適切な促進戦術を。

❼Motivational research is used to discover the subconscious and emotional aspects
/動機調査は使われる　／発見するために／潜在的側面と感情的側面を

of purchasing a product. Conducting such research often involves in-depth interviews
/購入する際の /製品を。 /そのような調査を行うことは /伴うことが多い /綿密な聞き込み調査を

designed to identify the psychological profile of consumers.
/特定することを目的とした /客の心理的な側面を。

The result of the interviews are often analyzed by psychologists or behavioral scientists
この調査の結果は分析されることが多い (次のような)/心理学者によって /あるいは行動科学者（によって）

experienced in uncovering the hidden motives of consumers.
/熟達した /明らかにすることにおいて /消費者の隠れた動機を。

構文解説

*1 Nevertheless, it enables business people to reduce the chances of taking wrong steps in decision-making.

» 文構造は次の通り。

〈Nevertheless,〉 it enables business people to reduce ... 〈in decision-making〉.
　　　　　　　　　S　V　　　O　　　　　　　C

"S + enable + O + to do(~)" は、「S は O が～することを可能にする」という意味の表現。主語が「人以外」の場合は、「S によって[のおかげで]O は～できる」のように主語を副詞的に、目的語を主語的に訳すと自然な日本語にしやすい。

» "the chances of taking wrong steps"「誤った行動をとる（という）機会」。"the **A** of **B**" において、**B** が **A** の補足的な説明や言い換えになっている場合、**A** と **B** は「同格関係」にある。「同格関係」にある場合、"the **A** of **B**" は「**B** という **A**」などと解釈すると良い。
the idea of building a bridge from the mainland to the island「本土からその島に橋を架けるという発想」

*2 Some big companies are wealthy enough to spend billions of dollars on marketing research to grasp buyers' desire and identify target markets.

» 文構造は次の通り。

Some big companies are wealthy enough
　　　　　　　　　　　　　　　　　　副詞句
　　　　　　　　〈to spend billions of dollars 〈on marketing research〉〉
　　　　　　　　　　　　　　　　　　　　　　　　spend + O + on ~
　　　　　　　　　　　　副詞句
　　　　　　　　〈to grasp buyers' desire
　　　　　　　　　　　　and
　　　　　　　　　identify target markets〉.

» "形容詞・副詞 enough to do(~)" は「程度」を表す副詞的用法の不定詞を含む表現で、「～できるくらい」と訳す。"wealthy enough to spend" は「お金が使えるくらい裕福で」となる。enough は形容詞・副詞の後ろに置かれる点に注意。

» spend は "spend + O(お金) + on ~" で「O を～に使う」という意味を表す。on の後に動名詞（doing）が来ることもあるが、その場合は on を省略するのがふつう（***2** の marketing は動名詞ではない。marketing research「市場調査」という名詞句)。
She spends most of her salary traveling.「彼女は給料の大半を旅行に使う」

» "to grasp ... markets" は「目的」を表す副詞的用法の不定詞句で、spend にかかっている。接続詞 and は "grasp ~" と "identify ..." とをつないで一つのカタマリを作っており、「～を把握して…を特定するために（数十億ドルも使う）」と解釈する。

DAY 13 | レアアース

正解

設問レベル1 問1 ①-F ②-F ③-F ④-T ⑤-T ⑥-F　問2 **(A)**-how important they are in many of today's high technology　**(B)**-However, the technology to mine them has to be developed　**(C)**-They are important because they make magnets lighter　問3 銅や鉄などの金属とは違って、レアアースは大量には見つからないから。(33字)　問4 ・一度に大量には見つからないため採掘費用が高くつくから。(27字)　・他の鉱石から取り出し、分離しなくてはならないから。(25字)　問5 ③

設問レベル2 (a)-最先端科学　(b)-大量　(c)-採掘　(d)-安価　(e)-分離　(f)-環境保全　(g)-回収　(h)-堆積

解き方

問1 ①-F ②-F ③-F ④-T ⑤-T ⑥-F

① 「レアアースは17個の化学元素の結合体である」は $ll.3 \sim 4$ "Rare earth elements . . . the periodic table" の内容と合致しない。本文では「17個の化学元素の**グループ**」と述べられている。a set of という言い方は複数のものを一つのまとまり・グループとみなすときに使う。一方、a combination of は複数のものを組み合わせたり、混ぜ合わせたりしたものを表すときに使う。rare earth elements [metals] 「希土類元素 [金属]」は元素周期表にあるスカンジウム、イットリウム、ランタンなど17個の元素の総称である。

② 「レアアースは、一つの大陸でしか発見されないので『レア』と呼ばれている」は $ll.4 \sim 6$ "The reason . . . or iron" の内容と合致しない。レアアースと呼ばれる理由は、銅や鉄と違って大量に見つかる金属ではないから、とある。また、$ll.7 \sim 8$ にはブラジル、インド、中国、アメリカその他の国々で見つかるともあり、「一つの大陸でしか発見されない」という部分は誤りであることが読みとれる。

③ 「レアアースは、採掘は難しいが分離はしやすい」は $ll.12 \sim 13$ の内容と合致しない。採掘した鉱石の中からレアアースを単体で分離するのにお金がかかるとある。またこの次の文にも、1950年代終わりから1960年代初めにかけて分離技術が発達して初めて、レアアースが広く利用されるようになったとあり、分離は容易に行えるものではなく、それなりの技術が必要であることが読みとれる。

④ 「レアアースは、分離技術が発達して以降、広く使用されている」は $ll.14 \sim 15$ "Until efficient separation . . . used widely" の内容に合致する。

⑤ 「レアアースは多くの最先端技術で重要である」は $ll.15 \sim 17$ "In the past decade . . . high technology" の内容に合致する。

⑥ 「レアアースはアメリカ合衆国では金，銀，銅の中に見つけられる」は ll.24〜27 "Rare earths have . . . Western United States" の内容に合致しない。この部分に書いてあるのは，金，銀，銅を採掘していたときに，後に残った泥や岩の古い堆積の中でも最近レアアースが見つかっている，ということである。

問 2 **(A)** how important they are in many of today's high technology　設問を含む文において，"heard about **A** and **B**" の **A** に相当するのが "rare earths (recently)"，**B** が下線部(A)である。**A** が名詞句であるから，**B** も「名詞的な要素」になる。選択肢に how があるので，「名詞節を導く間接疑問文」を意識し，さらに選択肢の important から，"how ＋形容詞＋ **SV**"「**S** はどれほど **V** か」という構文を組み立てる。

> **ポイント**
>
> **間接疑問文**
> ≫ 文の一部として用いた疑問文を「間接疑問文」という。間接疑問文は，❶ SV の語順になる（疑問文の語順にならない），❷名詞節として主語，目的語，補語の役割を果たす，の 2 点を意識しよう。
> I'll ask Jane when Jim is arriving.「私がジェーンにいつジムは到着するのか尋ねよう」
> この文では "I'll ask Jane 〜"「私がジェーンに〜を尋ねよう」の "〜" に "When is Jim arriving?" という疑問文を組み込んでいる。❶ "Jim is" と **SV** の語順になっており，❷ when 以下は名詞節として "ask ＋ **O₁** ＋ **O₂**" の **O₂** の役割を果たしている。

(B) However, the technology to mine them has to be developed　英文全体を並びかえる問題なので，まずはどれを **S** にし，どれを **V** にするかを考える。設問で与えられた日本語訳から，「技術は」にあたる "the technology" が **S**，「開発しなければならない」にあたる "has to be developed" が **V** と考えられる。「それらを採掘する」は「技術」を修飾する要素なので，不定詞の形容詞的用法として "the technology to mine them" と続ける。mine は「私のもの」という意味の所有代名詞ではなく，「〜を採掘する」という意味の動詞である。ちなみに，「採掘」された「鉱物」を mineral と言う。残った "however," は「しかし」という意味の副詞で文頭に置く。主語の後に置くこともよくあるが，"**S**, however, **V** 〜" となるので，however の前にもカンマが必要になる。

> **ポイント**
>
> **後置修飾**
>
> ≫ 名詞の後に修飾語句を置いて名詞を説明することを**後置修飾**という。日本語にはない語順なので，読み取りに注意する。具体的には後ろから前へ訳しあげることになる。以下のような見た目になっている場合，後置修飾の可能性が高い。
>
> - 名詞（前置詞＋名詞）：The TV (in the living room) has been broken.「リビングの**テレビ**が壊れてしまった」
> - 名詞（to do）：I have **a lot of things** (to do).「私は**すべきことがたくさん**ある」
> - 名詞（doing）：The boy (standing over there) is my brother.「あそこに立っている**少年**が僕の弟だ」
> - 名詞（done）：The book (ordered a week ago) arrived today.「一週間前に注文した**本**が今日届いた」
> - 名詞（関係詞節）：This is the book (which I bought yesterday).「これが**私が昨日買った本**だ」
> - 名詞（同格 that 節）：I heard a rumor (that she has got a new job abroad).「彼女が海外で新しい仕事に就いたという**噂**を聞いた」

(C) They are important because they make magnets lighter　英文全体を並びかえる問題なので，まずはどれを **S** にし，どれを **V** にするかを考える。「それらは～重要である」に注目して，"They are important" と並べる。次に「～ので」という部分から "They are important because" とする。最後に「磁石を軽くしてくれる」と magnets, lighter, make, they とを見比べて because 節内の **S** と **V** を決定すると，"they make" が決まる。この make は make ＋ **O** ＋ **C**「**O** を **C** にする」と考えられるので，"they make magnets lighter" と並べる。

問3　銅や鉄などの金属とは違って，レアアースは大量には見つからないから。　ll.4～6 "The reason ... copper or iron" の部分からまとめる。

問4　・一度に大量には見つからないため採掘費用が高くつくから。　・他の鉱石から取り出し，分離しなくてはならないから。　ll.11～13 "The first is ... other minerals" の部分からそれぞれまとめる。

問5　③　英文全体をカバーしている選択肢を選ぶ。選択肢①，④の内容はそれぞれ英文中に述べられているが，英文全体の内容ではないので適切ではない。また，②についてはそもそも英文中に触れられていない。各選択肢の意味：①　レアアースの採掘，②　レアアースの危険性，③　レアアースがどのように使用されているか，④　レアアースの回収

DAY 13

読み下し訳　≫完全和訳文は別 p. 27 参照。

❶ You have probably heard about rare earths recently and how important they are
　あなたはたぶん／レアアースについて／最近／そして／どれほど重要か／それらが
聞いたことがあるだろう

in many of today's high technology. But what are they? Rare earth elements or
／現代の最先端技術の多くにおいて。／しかし／レアアースとは／レアアース元素／または
　　　　　　　　　　　　　　　　　　　　何なのか。

rare earth metals are a set of seventeen chemical elements in the periodic table. The reason
／レアアース金属とは／17の化学元素のグループである／元素周期表の中の。／※1 理由

they are called rare earths is that　they are not found in large amounts like other metals
　それらが／レア／は／(that 以下の)　[それらが見つからない／大量には／他の金属と同じようには
呼ばれている　アースと　　　理由である]

such as copper or iron. The first rare earth was discovered in 1787 in Sweden.
／たとえば銅や鉄のように]。／最初のレアアースは発見された／1787年に／スウェーデンで。

They have been found in places　like Brazil, India, China, the USA and other countries.
▲それらは（これまでに）／(like 以下のよ／ブラジル、インド、中国、アメリカ合衆国やその他の国々。
発見されている　　　　　うな）場所で

In 2011 a geologist at the University of Tokyo found them in mud on the bottom of the sea
　2011年に／東京大学の地質学者が発見した　　　／それら／泥の／海底の
　　　　　　　　　　　　　　　　　　　　　　　　を　　中に

in very large amounts. However, the technology to mine them has to be developed.
／非常に大量に。／しかしながら／技術　　（それらを掘削する／開発されなければならない。
　　　　　　　　　　　　　　　　　　　　　ための）が

❷ Rare earths are expensive for two reasons. The first is that they are not found
▲レアアースは高価である／二つの理由で。▲一つ目（の理由）は／それらは見つからない
　　　　　　　　　　　　　　　　　　　　　　（that 以下）である

in large quantities to make mining economical. The second reason is that
／大量には／するほど／採掘を／安価に。▲二つ目（の理由）は（that 以下）
　　　　　　　　　　　　　　　　　　　　　である

they have to be removed and separated from other minerals. Until
／それらは取り除かれ分離されなければならない／他の鉱石から。／〜ま
　　　　　　　　　　　　　　　　　　　　　　　　　　　　　　　　　で

efficient separation techniques were developed in the late 1950's and early 1960's
／効率的な分離技術が開発された／1950年代後半から1960年代初頭に）

they were not used widely. In the past decade, rare earths have become very important
／それらは使われなかった／広くは。／過去10年の間に／レアアースはなった／大変重要なものに

to green technology, clean energy and high technology. Some examples
／環境保全技術／クリーンエネルギー／そして最先端技術にとって。▲(of 以下の)
　　　　　　　　　　　　　　　　　　　　　　　　　　　　　　　　　　いくつかの例

of where they are used is in the technologies used in hybrid and electric cars.
（それらが使われているところ）は／(次のような)／使わ／ハイブリッド自動車や電気自動車で）。
　　　　　　　　　　　　　　　　　技術においてである　れる

They are also important in wind turbines and jet engine parts,
▲それらは同様に重要である／発電用風力タービンやジェットエンジンの
　　　　　　　　　　　　　　部品において（も）

solar cells and flat panel display screens. They are also used in MRI machines which are used
／太陽電池やフラットパネルディスプレイスクリーン▲それらは同様に／MRI機器で（も）／(それは)
　において（も）。　　　　　　　　　　　　　　　　使われている　　　　　　　　　　　使われている

141

in many hospitals today. They are important because they make magnets lighter. They bring
/現代の多くの病院で)。　　それらは重要である　　なぜなら　／それらはする　／磁石を　／より軽く。／それらはもたらす
〜から

color to the touch screens of smart phones.
／色を　／タッチスクリーンに　／スマートフォンの)。

❸ Recently, new advances in recycling technology are making it possible to recover
近年　　／新たな進歩　　（リサイクル技術における）が　／しつつある　(to以下のことを)　／可能に　／回収することを

rare earths from used electronic products. Rare earths have also recently been found
／レアアースを　／中古の電気製品から。　　　／レアアースは近年見つかってもいる

in old piles of dirt and rock left behind when people were mining for gold, silver and copper
／（次のような）泥や岩の　　　（残された）　〈と　／人々が採掘をしていた　　／金や銀や銅を求めて
古い堆積の中に　(も)）　　　　　　　　　　き〉

in the Western United States.
／アメリカ合衆国西部で))。

構文解説

*1 The reason they are called rare earths is that they are not found in large amounts like other metals such as copper or iron.

» 文構造は次の通り。

　　　　　　　　形容詞節
　The reason φ ﹇they are called rare earths﹈ is
　　　　　S　　　　　　　　　　　　　　　　　V
　　　　　名詞節
　﹇that they are not found 〈in large amounts〉
　　C
　　　　　　　　　　副詞句　　　形容詞句
　　　　　　　　〈like other metals (such as copper or iron)〉﹈.

» "The reason they are called rare earths" は φ の位置に関係副詞 that（または why)、あるいは前置詞＋関係代名詞 for which が省略されている。また、"The reason is that 〜" で「その理由は〜ということである」という文を作る。

» "they are called rare earths" は "call + O + C" 「O を C と呼ぶ」の受動態になっており、"they are called rare earths" で「それらはレアアースと呼ばれている」となる。

» "like 〜" は「〜と同じように」という意味の前置詞句で副詞句を形成しているが、否定文中での解釈に注意。この副詞句は "found (in large amounts)" にかかっており、not は "found . . . iron" にかかっていない。すなわち、〈銅や鉄などの他の金属と同じように大量に見つかる〉というわけではない」となる。

» "such as 〜" は「〜のような」という意味で、具体例を挙げる際に用いる。ここでは other metals の具体例を挙げている。

*2 Recently, new advances in recycling technology are making it possible to recover rare earths from used electronic products.

» 文構造は次の通り。

　　　　　　　　　　　　形容詞句
　〈Recently,〉 new advances (in recycling technology)
　　　　　　　　　　　S
　are making it possible to recover rare earths 〈from used electronic products〉.
　　V　　　(o) C　　　　　　O
　　　　　　＝

SVOC の **O** の位置に to do や that 節を置くと文構造がわかりにくくなるので、それらの代わりに it を形式的に目的語として置き、to do や that 節を **C** の後に置く。この it を形式目的語という。"find/think/make it 〜 to 不定詞または that 節" という構造の場合は、この文構造ではないかと予測しながら読もう。

DAY 14 クモの巣の特徴と役割

正解

設問レベル1 問1 (A)-① (B)-② (C)-② 問2 (1)-① (2)-③ (3)-① (4)-②
問3 (ア)-④ (イ)-③ (ウ)-② 問4 (X)-クモが獲物を捕らえるためにクモの巣を利用する方法はたくさんある。 (Y)-クモの巣は非常に驚異を感じさせるので，技術者は何年もクモの巣を研究している。

設問レベル2 (a)-② (b)-④ (c)-① (d)-③

解き方

問1 (A)-① (B)-② (C)-②

(A) ll.1～3 "They weigh ... any shape" の内容がヒント。クモの巣は「重さがほぼゼロだが，鋼鉄より頑丈で，最も頑丈な素材の一つだが，ゴムひもよりも伸縮性があってどんな形にもなる」という内容から，空所には amazing「驚くほどすばらしい」が入る。その他の選択肢：②「勇敢な」，③「難しい」，④「知られていない」

(B) 空所を含む文には「逆接」の関係を示す however があるので，前文までの内容と空所を含む文は対立的な内容になるはずである。第3段落冒頭から空所を含む文の直前までは，「クモは様々な種類の糸を作り出し，それぞれに様々な役割がある」といった内容が述べられているので，その内容と対立的な意味になるように空所に入る語を考える。前文までの個別的なクモの糸の利用法に対して，common「一般的な」を入れればよい。その他の選択肢：①「最善の」，③「感謝している」，④「驚くほどに」

(C) 選択肢には論理的なつながりを明示する副詞(句)が並んでいるので，直前の文と空所を含む文以降との論理的なつながりを考える問題ということになる。直前の文では「クモがクモの巣を使って獲物を捕らえる方法はたくさんある」と述べられている。一方，空所を含む文以降では「一つの方法」が述べられている。すなわち「たくさん」ある方法のうちの「一つ」を例示していると考えられるので，② For example を入れる。その他の選択肢：①「結果として」，③「したがって」，④「しかし」

問2 (1)-① (2)-③ (3)-① (4)-②

(1) organ には「器官」「オルガン」「機関」といった意味があるが，"A spider's silk-making organ"「クモの糸を作る organ」とあるので，（仮に organ の意味を知らなかったとしても）body part「体の部分」が最も近い意味であることがわかるだろう。その他の選択肢：②「形態」，③「メンバー」，④「とるに足らないこと」

(2) 下線部を含む文は「クモの中には糸を一本だけ spin するものがいる」という意味。この文か

らだけでも spin は make「作る」が最も近い意味であることがわかる。なお，spin は軸を中心に回転する動きを表す語だが，糸を紡ぐ動きに由来する。この「糸を紡ぐ」という意味から，クモやカイコが糸を「吐く」という意味でも使われる。その他の選択肢：① 「を噛む」，② 「を持っている」，④ 「を探し求める」

(3) 下線部を含む文は「昆虫が訳も分からぬままクモの糸に止まり，stuck になる」という意味。クモの糸がくっついて，逃げられなくなるといった内容になることは容易に想像できるだろう。最も近い意味なのは fixed「固定された」となる。なお，stuck は stick「〜を固定する」の過去分詞形。その他の選択肢：② 「失われた」，③ 「疲れた」，④ 「弱い」

(4) 下線部を含む文は「コガネグモは，クモの巣上の最も小さな動きでさえ感じることができ，昆虫がクモの巣から get away する前に襲いかかる」という意味。この文脈から get away が「逃げる」の意味であることがわかるが，そもそも get away の意味を知っている人も多いだろう。むしろ，選択肢の語のほうがやや難しいかもしれない。選択肢には「文脈」がないので，この手の問題は語い力勝負ということになる。選択肢の意味は ① 「消える」，② 「逃げる」，③ 「飛ぶ」，④ 「縮む」。fly は微妙な選択肢だが，「飛んで逃げる」というこの文脈からは fly away，fly off などが適切。

問3 (ア) - ④ (イ) - ③ (ウ) - ②

(ア) 問「この文章の主なテーマは何か」 第1段落「クモの巣の驚くべき性質」，第2段落「クモの糸の作り方」，第3段落「クモの糸の様々な種類とそれらの目的」，第4段落「クモの昆虫の捕らえ方」，第5段落「クモの巣の異なる種類のワナ」，第6段落「クモの巣に対する技術者の興味」のそれぞれの内容を全体的にカバーできる選択肢を選ぶ。④「クモの巣とクモの糸には様々な種類と使い方がある」が適切。その他の選択肢：①「人間はクモの巣を使うべきだ」，②「クモの巣は非常に恐ろしい」，③「クモの巣はどんな形にもなる」

(イ) 問「コガネグモはどのようにエサを捕まえるのか」 第5段落の内容から判断する。③「クモの巣をほかの何かに似せることによって」が適切。その他の選択肢：①「べとべとしている糸を使うことによって」，②「一本の糸を使うことによって」，④「花の後ろに隠れることによって」

(ウ) 問「本文によると，次の文のうちどれが正しいか」 ②「クモの巣の中には非常に頑丈なものがある」は *ll*.1〜3 "They weigh . . . more than elastic" の内容に合致する。①「クモの巣のすべての秘密が最近発見された」は *l*.24 "However, . . . their secrets" の内容と合致しない。③「クモの巣の中にはクモの赤ちゃんが隠れる卵のように見えるものもある」は *ll*.11〜12 "Some webs . . . come out" の内容と合致しない。④「太くて，湿っていて，べとべとしている糸は，細くて，乾いていて，もじゃもじゃしている糸よりも頑丈である」は，*ll*.9〜10 "The threads can . . . or woolly" にクモの糸の種類に関する言及はあるが，一方が他方より「頑丈である」という言及はない。

問4 「正解」参照

(X) 文構造は次の通り。

〈There〉 are many ways (the spider uses its web 〈to catch prey〉).
　V　　　S　　　　　形容詞節（関係副詞節）　　　副詞句（不定詞句）
　　　　　　　　　　S'　　V'　　O'

There are many ways「多くの方法がある」と述べて、何の「方法」かを "the spider uses its web to catch prey" で説明している。ways という名詞を修飾するこの節は形容詞節で、ways の後に関係副詞 that が省略されている（that の代わりに in which を補うことも可能）。見た目が "名詞＋SV" になっている場合は、原則的には「関係詞」が省略されていると考えるとよいだろう。to catch prey は動詞 use を修飾する副詞的用法の不定詞句。ここでは「〜するために」（目的）と訳す（→ **DAY 1**, 問 1・ポイント 参照）。

> **ポイント**
>
> **the way ＋ SV**
> ≫ the way の後に節が続く場合は次のように解釈する。
> ❶ 「〜する方法・様子」
> 　・I don't like the way he talks.「私は彼の口の利き方が気に入らない」
> 　※ the way の後に in which や that を補うことが可能。
> ❷ 「〜するように」
> 　・Jane takes a walk in the park every morning, the way her father did.「ジェーンは、父親がそうしたように、毎朝、公園を散歩する」

(Y) "so amazing that . . ." は so 〜 that . . . 構文で「非常に〜なので…」と解釈する（→ **DAY 5**, 問 1・ポイント 参照）。"have been studying" は現在完了進行形（have been do*ing*）で、期間を表す語句（"for years"）を伴って「動作の継続」を表し、「ずっと〜してきた・している」などと訳す。"studying them" の them は主語の "Spider webs" を指す。

読み下し訳 　≫完全和訳文は別 p. 29 参照。

❶ They weigh almost nothing, yet they are stronger than steel. In fact, some spiders' webs
　/それらは重さがほぼない　/しかし /それらは頑丈である　/鋼鉄よりも。　/実際　/クモの巣は

are among the world's strongest materials, but they stretch more than elastic.
/世界で最も頑丈な素材の一つである　　　　　　　/しかし /それらは伸縮する　/ゴムひもよりも。

They can also be any shape. Spider webs are amazing.
/それらはなることもできる /どんな形にも。 /クモの巣は驚くほどすばらしいのである。

❷ A spider's silk-making organ has hundreds of small openings. Silk comes
/クモの糸を作る器官にはある　　　　/数百の小さな穴が。　　　/クモの糸は出てくる

out of these openings as a liquid, and, as it reaches the air, it becomes thread-like.
/これらの穴から　　　　　/液体として　/そして 〈〜と同時に〉/それが達する /空気に〉/それはなる /糸のように。

These tiny threads combine to form a single, solid thread.
▲/これらのごく小さい糸が結合して（その結果）　　/形作る　/一本の頑丈な糸を。

❸ The spider can make many different kinds of thread. The threads can be thick or thin, wet or dry, sticky or woolly. Each kind has a different purpose. Some webs create an egg case — an egg case protects spider eggs until the babies come out. Others provide hiding places. The most common purpose of a spider web, however, is to catch food.

❹ There are many ways the spider uses its web to catch prey. For example, some spiders spin a single thread. An insect then sits on it without realizing what it is doing, and becomes stuck. Slowly, the spider moves toward the insect. Suddenly, it covers its prey in silk.

❺ Argiope spiders use a different kind of trap. They make webs that confuse insects. An insect sees the web and thinks it's a flower. It then lands on the web. The spider can feel even the smallest movement of the web, and rushes at the insect before it can get away.

❻ Spider webs are so amazing that engineers have been studying them for years. They want to learn why they are so strong and flexible. However, for the moment, spiders are keeping their secrets. Despite their science and technology, humans still haven't been able to copy natural webs.

構文解説

※1 Silk comes out of these openings as a liquid, and, as it reaches the air, it becomes thread-like.

》文構造は次の通り。

$\underline{\text{Silk}}_{S_1} \underline{\text{comes}}_{V_1}$ 〈out of these openings〉【副詞句】 〈as a liquid,〉【副詞句】

and, 〈as it reaches the air,〉【副詞節】

$\underline{\text{it}}_{S_2} \underline{\text{becomes}}_{V_2} \underline{\text{thread-like}}_{C_2}.$

接続詞 and は "Silk comes ..." と "it becomes ..." の二つの節をつないでいる。

》 "as a liquid" の as は前置詞で、「〜として」という意味。"comes out ... as a liquid" は「液体として[液体の状態で]…出てくる」ということ。二つ目の as は副詞節を導く接続詞で、「同時」を表す。"as it reaches the air" は「液体の状態の糸が空気に触れると同時に」ということ。

※2 An insect then sits on it without realizing what it is doing, and becomes stuck.

》文構造は次の通り。

$\underline{\text{An insect}}_{S}$ 〈then〉 $\underline{\text{sits}}_{V_1}$ 〈on it〉【副詞句】 〈without realizing [what it is doing]【名詞節】,〉【副詞句】

and

$\underline{\text{becomes}}_{V_2} \underline{\text{stuck}}_{C_2}.$

接続詞 and は "sits ..." と "becomes ..." をつないでいる。

》 "sits on it" の it は "a single thread" を指す。

》 "what it is doing" は名詞節で realizing の目的語に当たる。直訳すると「それ[=昆虫]が何をしているのか」となる。「昆虫自身が、自分のやっていること(を認識せずに)」、すなわち「自分がクモの糸の上に座っていること(を自覚せずに)」ということ。「何」と訳すと、what は疑問詞、この名詞節は間接疑問文ということになり、「こと」と訳すと what は関係代名詞、この名詞節は関係代名詞節ということになる。しかし、what がどちらの意味かは必ずしも白黒はっきりつくわけではなく、realize を始め know、find などの動詞の目的語にある場合はあいまいで、どちらの解釈も可能。

※3 An insect sees the web and thinks it's a flower.

》文構造は次の通り。

$\underline{\text{An insect}}_{S} \underline{\text{sees}}_{V_1} \underline{\text{the web}}_{O_1}$

and

$\underline{\text{thinks}}_{V_2} \underline{[\text{it's a flower}]}_{O_2}$【名詞節】.

接続詞 and は "sees ..." と "thinks ..." をつないでいる。"it's a flower" は接続詞 that が省略された名詞節で thinks の目的語に当たる。主語+動詞+主語'+動詞'のような連続が見られる場合、後半の主語'+動詞'の部分は名詞節を形成し、動詞の目的語として機能していることを意識しよう。

DAY 15 | 肉食が環境に与える影響

正解

設問レベル1 問1 ③　問2 ②　問3 ③　問4 ②　問5 ①　問6 ②
問7 ①・⑥（順不同）
設問レベル2 (a) - 肉の消費　(b) - 水の大量使用　(c) - 土地の非効率的な使用　(d) - メタンガスの放出　(e) - 作物の生産　(f) - 菜食に変更

解き方

ポイント
内容一致問題の解法手順
≫ 内容一致問題は「なんとなくの本文の内容に合っている，合っていない」というのではなく，次に示す方法に従って丁寧に取り組もう。
❶ **本文の対応個所を見つける**…選択肢にある**固有名詞，数字**などをヒントに，本文の対応個所を特定しよう。
❷ **本文と選択肢の内容を照らし合わせる**…all，always，only，neverなどの意味の強い言葉が含まれている選択肢は**誤りを含む選択肢**になりやすい。
❸ **消去法を活用する**…誤りを含む選択肢は**本文の一部を誤りにすることが多い**ので比較的見つけやすい。誤りを含む選択肢を排除していき，正答を浮かび上がらせるような方法がおすすめ。

問1 ③ 「肉の消費は2番目に環境に害を与える行動である」は *ll*.3～5 "Their study . . . motor vehicles" の内容に合致する。①「肉を食べたり自動車に乗ったりすること以外の行動が，最も環境に害を与える」は本文に言及なし。②「自動車の使用は環境に害を与える主な行動としてみなされていない」，④「科学的研究において，自動車は肉を食べることほど環境に害を与えないと述べられている」は *ll*.3～5 "Their study . . . motor vehicles" の内容に合致しない。

問2 ② 「小麦の生産には肉の生産よりもはるかに少ない水が使用されている」は *ll*.8～10 "Two thousand . . . one pound of wheat" の内容に合致する。①「牛肉を食べることは水の使用に有害な影響を与えるが土地の利用には与えない」，③「肉を生産するのに多くの水を必要とするが，必要な水の量は不明である」は *ll*.8～10 "Two thousand . . . one pound of wheat" の内容に合致しない。④「牛肉を生産するのに使用される水の量は，環境にマイナスの影響を与えない」は *ll*.7～8 "The most important . . . water and land" の内容に合致しない。

DAY 15

> **ポイント**
>
> **have a ~ effect [influence, impact] on A**
> » have a ~ effect [influence, impact] on A は「A に~な影響を与える」という意味の表現。「与える」と訳すが give は用いないこと，effect, influence, impact は共に「影響」という意味であること，そして「~に対して」という意味で前置詞 on（堅い文章では upon）を伴うことに注意しよう。
> » 読解に役に立つ類似表現として，effect [influence, impact] (of A) on B「(A が) B に与える影響」も頭に入れておこう。
> He is studying about the effects of pollution on health.「彼は公害が健康に与える影響について研究している」

問3 ③ 「同じ面積の場所を使うと，牛肉よりもより多くの重さのトマトを生産することができる」は $ll.13$ ~ 15 "One acre of . . . tomatoes" の内容に合致する。① 「1 エーカーの土地から全部で 12 万個の野菜を生産することができる」，② 「5 万ポンドのトマトを生産するよりも 4 万ポンドのジャガイモを生産するほうが土地を必要としない」はこの箇所の内容に合致しない。④ 「家畜を育てることは，農作物を生産するのと同じぐらい土地を使う効率的な方法だ」は $ll.11$ ~ 12 "By producing . . . land and water" の内容に合致しない。

問4 ② 「多くの地球温暖化の専門家らは，メタンガスは二酸化炭素よりも環境に大きな影響を与えると考えている」は $ll.20$ ~ 21 "Many environmental experts . . . carbon dioxide" の内容に合致する。① 「大気中に放出されたほぼすべてのメタンガスは，家畜が原因である」，④ 「家畜によって放出されるメタンガスは，大気中に放出されるメタンガスの半分以上の割合を占めている」は $ll.21$ ~ 23 "It is estimated . . . farm animals" の内容に合致しない。③ 「牛によるメタンガスなどのガスの排出は，地球温暖化にほとんど，もしくは全く影響を与えない」は $l.16$ "Furthermore, . . . from their bodies" の内容に合致しない。

問5 ① 「完全菜食の食事をとっている人は，動物に由来するどんな製品も食べない」は $ll.26$ ~ 28 "Some people . . . and milk" の内容に合致する。② 「完全菜食の食事をとっている人は肉は食べないが，ミルクは飲む」はこの箇所の内容に合致しない。③ 「人々は菜食へと移行してきているが，それは主に環境を保護するためであって，健康のためではない」は $ll.24$ ~ 26 "People are becoming . . . protecting the environment" の内容に合致しない。④ 「栄養士の中には，野菜しか食べない人々は必要なビタミンをすべて摂取することになると指摘する人もいる」は $ll.28$ ~ 30 "However, . . . need daily" の内容に合致しない。

問6 ② 「今ほど肉を食べないことは環境を保護し，なおかつ健康状態も向上させてくれる」は $ll.32$ ~ 34 "Switching to . . . the same time" の内容に合致する。① 「菜食は，自分の健康状態ではなく，環境について心配している人たちに向いている」，③ 「健康に関心のある人々は，肉の消費を増やすことだろう」は最終段落全体の内容に合致しない。④ 「菜食へと移行することは，環境と健康状態とを守る唯一の方法だ」は $ll.32$ ~ 34 "Switching to . . . the same time" の内容に合

致しない。

> **ポイント**
>
> **concern**
> » concern の基本的な意味は「〜に関わる」。be concerned の後ろに置く前置詞によって意味が異なるので区別して覚えていこう。「精神的に関わっている」ということから、「関心がある」「気にかけている」という意味合いになる。
>
> ❶ be concerned with **A**　「**A** に関係している，関心がある」
> ❷ be concerned about **A**　「**A** を気にかけている」，「**A** に関心がある」
> ❸ as far as **A** is concerned　「**A** に関するかぎり」
> ❹ concerning **A**　「**A** に関して」（=about）

問7 ①・⑥（順不同）

①「肉を食べることは地球環境に悪影響を与えている」は ll.3 〜 5 "Their study ... motor vehicles" の内容と合致する。

②「牛を育てるのに土地と水の両方を利用することは，環境に有益であると考えられている」は ll.7 〜 8 "The most important ... water and land" の内容と合致しない。

③「1 ポンドの小麦を生産することは，1 ポンドの牛肉を生産するのと同じぐらい環境に厳しい」は第 2 段落の内容と合致しない。

④「二酸化炭素は地球温暖化の唯一の原因である，と環境の専門家らによって現在考えられている」，⑤「メタンガスが環境に与える影響について賛同できる専門家は多くない」は ll.20 〜 21 "Many environmental experts ... carbon dioxide" の内容と合致しない。

⑥「環境に関する心配だけでなく，健康意識が以前より高まったことで，より多くの人々が肉を食べなくなった」は第 6 段落の内容と合致する。A as well as B「B ばかりでなく A も」（≒ not only B but also A），S + lead + O + to do(~)「S の結果 O は〜する」。

⑦「菜食を行っている人々は動物の部位しか食べない」は ll.26 〜 28 "Some people ... and milk" の内容と合致しない。"nothing but ~" は「〜しかない（≒ only）」という意味の表現。

読み下し訳　»完全和訳文は別 p. 31 参照。

❶ Recently, researchers from the Union of Concerned Scientists in the U.S. released a report on
/先頃　/研究者ら　　/「愛慮する科学者同盟」（UCS）に所属している　/アメリカの）が　/発表した　/〜に関するレポートを

how consumer behavior affects the environment. Their study showed that
[どのように消費者行動が影響を与えているか /環境に]。　/彼らの研究は示した　[〜ということを

meat consumption is one of the main ways that humans can damage the environment,
/肉の消費は　(that 以下の) 主な方法の一つである　((その方法で) 人間はダメージを与える可能性がある　/環境に)

second only to the use of motor vehicles.
/(これは) 〜に次いで／二番目である　/自動車の使用]。

❷ So, how can a simple thing like eating meat have a negative effect on the environment?
/では　/どうしてあり得るのか　/単純なこと　(肉を食べるような) /が　/悪い影響を与える　/環境に対して。

DAY 15

The most important impact of meat production is through the use of water and land.
Two thousand five hundred gallons of water are needed to produce one pound of beef, whereas only twenty gallons of water are needed to produce one pound of wheat.

❸ By producing crops instead of animals, we can make more efficient use of the land and water. One acre of farmland that is used for raising livestock can produce 250 pounds of beef. One acre of farmland used for crops can produce 40,000 pounds of potatoes, 30,000 pounds of carrots, or 50,000 pounds of tomatoes.

❹ Furthermore, farm animals add to the problem of global warming. All livestock animals such as cows, pigs, and sheep release methane by expelling gas from their bodies. One cow can produce up to sixty liters of methane each day. Methane gas is the second most common greenhouse gas after carbon dioxide. Many environmental experts now believe that methane is more responsible for global warming than carbon dioxide. It is estimated that twenty-five percent of all methane released into the atmosphere comes from farm animals.

❺ People are becoming aware of the benefits of switching to a vegetarian diet, not just for health reasons, but also because it plays a vital role in protecting the environment. Some people go further, and eat a vegan diet, which excludes all products from animal sources, such as cheese, eggs, and milk. However, some nutritionists believe that

a vegan diet can be deficient in some of the vitamins and minerals that our bodies need daily.
/完全菜食の食事は不足している可能性がある　/ビタミンとミネラルの一部が　/（それを）私たちの体は必要としている　/毎日]

❻Today, many people are concerned about improving their health, and about protecting
/今日　/多くの人々が気にかけている　/向上させることを　/健康を　/そして/保護することを

the environment. Switching to a vegetarian diet — or just eating less meat — is a good way
/環境を。　/変更すること　/菜食に　—もしくは食べることだけでも　より少ない肉を—　/良い方法である

to do　both of these things at the same time.
/するための（方法）　/これら両方のことを　/同時に。

構文解説

※1 Recently, researchers from the Union of Concerned Scientists in the U.S. released a report on how consumer behavior affects the environment.

≫文構造は次の通り。

〈Recently,〉 researchers〔形容詞句 from the Union of Concerned Scientists in the U.S.〕
　　　　　　　S
released a report〔形容詞句 on how . . . the environment〕.
　V　　　　O

≫ "researchers" が文全体の主語で，"from the Union ~ in the U.S." が主語を修飾している。主語の直後に「前置詞＋名詞」がある場合，主語の修飾語として読み進め，後に述語となる動詞が述べられるという意識をもって読んでいこう。

≫ "on ~" は「～についての」という意味。how 以下の構造は次の通り。

名詞節
[〈how〉 consumer behavior affects the environment]
　　　　　　S′　　　　　　　V′　　　O′

how 以下は「どのように～か」という意味の間接疑問文で，名詞節である。前置詞（on）の目的語になっている。

※2 Their study showed that meat consumption is one of the main ways that humans can damage the environment, second only to the use of motor vehicles.

≫文構造は次の通り。

Their study showed 〔名詞節 that meat consumption is . . . motor vehicles〕.
　S　　　　V　　　　　　　　　　　　O

≫ "that"「～ということを」は名詞節を導く接続詞。
≫ that 節内の構造は次の通り。

　　　　　　　　　　　　　　　　形容詞句（関係副詞節）
meat consumption is one of the main ways〔that humans can damage the environment〕,
　　S′　　　　V′　　C′　　　　　　　　　S″　　V″　　　　O″

副詞句
〈(being) second only to the use of motor vehicles〉

"that" は関係副詞で "in which" に置き換えることができる。"that humans can damage the environment" は関係副詞節で，先行詞 "the main ways" を修飾する形容詞節。"the main ways ~ the environment" で「人類が環境を破壊し得る主な方法」といった意味合いになる。

≫ "second only to ~ vehicles" は分詞構文で，second の前に being を補って読むとよい。"meat consumption" が意味上の主語で，「（肉の消費は）動力車の使用に次いで2番目である」という意味。文末に追加される分詞構文は，直前に述べられた節の結果や補足説明であることが多い。

※3 Two thousand five hundred gallons of water are needed to produce one pound of beef, whereas only twenty gallons of water are needed to produce one pound of wheat.

》文構造は次の通り。

Two thousand five hundred gallons of water are needed
━━━━━━━━━━━━━━━━━━━━━━━━━━━ ━━━━━━━━━━
              S   V
　　　　　　　　　　　　　　　　　副詞句
　　　　　　　　　　　　　　　　　〈to produce one pound of beef,〉

whereas only twenty gallons of water are needed
　　　　━━━━━━━━━━━━━━━━━━━━━━━ ━━━━━━━━━━
                   S'   V'
　　　　　　　　　　　　　　　　　副詞句
　　　　　　　　　　　　　　　　　〈to produce one pound of wheat〉.

whereas「それに対して」は when などと同じ従位接続詞なので，"Whereas S' V', SV"は「S'はV'であるが，一方でSはVである」のように訳すが，"SV(,) whereas S' V'"の語順の場合でも，「S'はV'であるが，一方でSはVである」はもちろん，頭から「SはVであるが，一方でS'はV'である」のように訳すことも少なくない。

The old system was very complicated whereas the new system is really simple.「古い仕組みはとても複雑だったが，それに対して新しい仕組みは実に単純だ」

文脈をしっかり理解した上で，どの順番で訳すか判断することが大切。※3 の場合は，実際どちらを先に訳してもよいのかもしれないが，「牛肉の生産に必要な水の量の多さ」と「小麦の生産に必要な水の量の少なさ」とでは，文脈上，前者に焦点が当てられていることを念頭に置いた上で訳すようにしたい。

》二つの "to produce ~" は「目的」を示す副詞的用法の不定詞で，"are needed" を修飾している。

※4 Some people go further, and eat a vegan diet, which excludes all products from animal sources, such as cheese, eggs, and milk.

》文構造は次の通り。

Some people go further,
━━━━━━━━━━ ━━
    S   V₁
            and
　　　　　　　　　　　　非制限用法の関係代名詞節
eat a vegan diet, (which excludes all products 〈from animal sources,〉
━━ ━━━━━━━━━   形容詞句
V₂   O₂
　　　　　　　形容詞句
　　　　　　〈such as cheese, eggs, and milk〉.

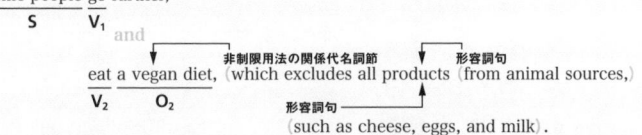

》"some + 複数名詞(~)"が主語になっている場合，「～の中には…するものもいる[ある]」と訳すと自然な日本語になることが多い。

》"a vegan diet, which ~"の which は非制限用法の関係代名詞。先行詞との間にカンマが置かれる。先行詞の補足説明をする。※6 では "a vegan diet" についての説明が述べられている。和訳する場合，英語に合わせて無理に一文に収めようとせず，2文に分けるのも一つの方法。
「中にはさらに踏み込んで，完全菜食の食事を摂る人たちもいる。完全菜食の食事というのは，チーズ，卵，ミルクといった動物源由来の製品をすべて排除する食事である」

》"such as ~"は具体例を示すときに用いる表現（→ DAY 6・**構文解説**・※1 参照）。

MEMO

MEMO

著者紹介

内川貴司
Takashi Uchikawa

1976年生まれ。大学在学中より英語を教え始める。大手進学塾に就職後、高校部英語科教務責任者などを担当。現在は秀英予備校、栄光ゼミナールナビオなどの大手予備校や、都内私立高校にて講師を務めている。高1生から既卒生まで、高校英語入門レベルから早慶難関国公立レベルまであらゆるレベルを担当し、高い評価と信頼を得ている。高校時代、英語で苦労した経験を基に「受講生の目線に立った確実に実力がつく」授業と学習指導を目指して日々研鑽している。

武藤一也
Kazuya Muto

1986年生まれ。大学在学中に約1年間オーストラリアへ留学し、帰国後、本格的に英語を教え始める。メーカーの営業マンとして働くが、授業への情熱が忘れられず塾・予備校業界に戻り、現在は東進ハイスクール・東進衛星予備校などの大手予備校や群馬大学などで講師を務め、「英語専門塾えいもん」も主宰している。英検1級。TOEIC990点満点。著書に、『高校英文読解をひとつひとつわかりやすく。』(学研プラス)『できる人の「英会話手帳」』(三笠書房)がある。

これだけはおさえておきたい GMARCH合格英語講座

学習院・明治・青山学院・立教・中央・法政の入試問題を著者の内川先生と武藤先生がとことん分析した「これだけはおさえておきたいGMARCH合格英語講座」がメルマガ(毎週)とwebラジオ(隔週)にて好評配信中。英語の本質を学びつつ、自然と応用力もつくメルマガ・ラジオはともに無料。ぜひご登録を!

🔍 GMARCH合格英語講座

イチから鍛える英語長文 Basic

著者	内川貴司 武藤一也
ブックデザイン	相京厚史 (next door design)
カバーイラスト	トミイマサコ
本文イラスト	越井　隆
編集協力	吉川　肇 高木直子 渡辺泰葉
校正	宮崎史子 石川道子
企画編集	髙橋龍之助
データ作成	株式会社四国写研
印刷所	株式会社廣済堂

Reading Comprehension for
University Entrance Exams - Basic

イチから鍛える
英語長文
Basic
別冊「トレーニングブック」

Gakken

Reading Comprehension for University Entrance Exams - Basic

イチから鍛える
英語長文
Basic

別冊「トレーニングブック」

Gakken

音読練習 DAY 1 | 紙の発明と発展

Track number 1

❶ About 2,000 years ago, a man in China **developed** the way to make paper from trees. Before then, people used other things to write on. People tried to write on many things, like rocks or the skin of animals. Later, people thought that paper made from trees was the best for writing, and people started using it.

❷ As you know, we use paper for books, newspapers, or paper cups. We also use it to make **cardboard boxes**. Some people think that paper is too soft to make a box and that it is better to use plastic or **metal**. **Actually**, these things are stronger than paper, but we can make paper strong when we put many pieces of paper together. When we finish using cardboard boxes, we can easily recycle and **dispose of** them. Also, they are light and it is easy to carry them. These are their good points.

❸ Do you know "**high performance paper**"? This is special paper. There are many kinds of "high performance paper" in the world. For example, there is paper which is strong **against** water. We can write on it in the rain or in the water. There is paper which is strong against fire. We use this kind of paper as **wallpaper** in houses. Some **companies** are developing new kinds of high performance paper. These new kinds of paper are **useful** and they may make our lives better. What can we do with "high performance paper" in the future?

大意

❶ およそ2000年前，中国のある人物が，木から紙を作る方法を開発した。それ以前は，他のものに書いていた。人々は，岩や動物の皮など，いろんなものに書こうとした。その後，木から作った紙が書くのに最も適していると考えられ，紙が使われ始めた。

❷ ご存知のように，私たちは紙を本や新聞，あるいは紙コップに使っている。また，段ボール箱を作るのにも紙を使っている。箱を作るのに，紙では柔らかすぎるので，プラスチックや金属を使う方がより良い，と考える人々もいる。実のところ，これらプラスチックや金属は紙よりも丈夫なのだが，何枚もの紙を重ね合わせることで，私たちは紙を丈夫にすることができるのだ。段ボールを使い終えたら，容易にそれをリサイクルし，処分することができる。また，段ボール箱は軽く，運びやすい。これらは段ボール箱の良い点である。

❸ 「高性能紙」をご存知だろうか。これは特殊な紙である。世界には多くの種類の「高性能紙」がある。例えば，水に対して強い紙がある。私たちは雨の中で，あるいは水中で，それにものを書くことができる。火に対して強い紙がある。私たちは，この種の紙を家の壁紙として使用している。一部の企業では，新しい種類の高性能紙を開発中である。これらの新しい種類の紙は有用で，私たちの生活をより良いものにしてくれるかもしれない。将来，私たちは「高性能紙」で何ができるだろうか？

音読練習 DAY 2 | ランナー金栗四三

❶ About 100 years ago, Japan joined the Olympics in Stockholm, Sweden. It was the first Olympics that Japan joined. There were only two members on the team. Mr. Kanakuri Shizo was one of them. He was a very fast marathon runner. Many people in Japan thought he could win the race in the Olympics.

❷ The marathon was held on July 14, 1912. It was a very hot day. It was very difficult to run in severe weather. The runners ran up and down many hills. It was very hard for them. Sixty-eight runners joined the marathon but only thirty-four were able to finish the race. Shizo ran very hard. But after he ran up a hill and ran about twenty-seven kilometers, he couldn't keep running and stopped. A family by the road took care of him. He couldn't return to the race. The marathon race was over.

❸ When Shizo returned to Japan, he really wanted to become a faster runner. He started to practice very hard. He also wanted to make marathons popular in Japan. He started to do many things. For example, he held new races for young runners. The Hakone Ekiden was one of them. He still remembered his race in Stockholm. It was very hard for him to run up and down the hills there. He thought young runners should run up and down hills a lot. Hakone was a good place because it had hills.

❹ One day, 55 years after the Stockholm Olympics, Shizo got a letter. It was from Sweden. He was asked to join the memorial event of the 1912 Olympics.

❺ In Stockholm, Shizo was surprised. He was asked to run in the Olympic Stadium and cross the finishing line. All the people there watched the old Japanese runner. Shizo finished his race from the 1912 Olympics. Then they heard the announcement: "Mr. Kanakuri of Japan has just finished the marathon. The time was 54 years, 8 months, 6 days, 5 hours, 32 minutes and 20.3 seconds. This is the end of the 1912 Stockholm Olympics. Thank you."

大意

❶ およそ100年前，日本はスウェーデンのストックホルムオリンピックに参加した。それは日本が参加した最初のオリンピックだった。日本チームにはたった二人の選手しかいなかった。金栗四三さんはその一人だった。彼は非常に足の速いマラソンランナーだった。日本のたくさんの人々が，彼はオリンピックのレースで勝てるだろうと思った。

❷ そのマラソンは1912年7月14日に行われた。とても暑い日だった。厳しい天候の中を走るのはとても過酷なことであった。ランナーたちは多くの坂道を上り下りした。それは彼らにとってとても困難なことだった。68人のランナーがこのマラソンに参加したが，完走できたのはわずか34人だった。四三は必死に走った。しかし，ある坂道を駆け上がっておよそ27kmを走った後，彼は走り続けることができなくなり，立ち止まってしまった。道路のそばにいたある家族が彼を世話した。彼はレースに戻ることができなかった。マラソンレースは終わってしまった。

❸ 四三は日本に戻ると，もっと速いランナーになりたいと強く思った。彼は必死に練習を始めた。彼はまた，日本でマラソンを流行らせたいとも思った。彼は色々なことを始めた。例えば，彼は若いランナー向けに新しいレースを開催した。箱根駅伝はその一つであった。彼はストックホルムでの自身のレースを忘れてはいなかった。かの地の坂道の上り下りは，彼にとって非常に困難なことだった。若いランナーは坂道をたくさん走り込むべきだ，と彼は考えた。箱根には坂道があるので格好の場所だったのだ。

❹ ストックホルムオリンピックから55年経ったある日，四三は一通の手紙を受け取った。それはスウェーデンから届いたものだった。彼に1912年のオリンピックの記念式典に参加してほしい，と書かれていた。

❺ ストックホルムで，四三は驚いた。オリンピックスタジアムを走ってゴールを切ってほしい，と言われたのだ。その場にいた全ての人たちが，この年老いた日本人のランナーを見守った。四三は1912年のオリンピックレースのゴールを切った。すると，次のような発表が流れた。「日本の金栗さんは今まさにマラソンのゴールを切りました。タイムは，54年8ヵ月6日5時間32分20.3秒です。これにて1912年，ストックホルムオリンピックを終わります。ありがとうございました」。

音読練習 DAY 3 | 農業に対する意識の高まり

❶ Agriculture is very important. Through agriculture, a lot of foods are produced, so we are able to have food every day. Agriculture is necessary for our lives in many ways.

❷ In Japan, today, more and more people are thinking about agriculture. One of the reasons is the safety of food. Some people ask, "Does this carrot come from our local area?" or "Is this cabbage produced with agricultural chemicals?"

❸ Some people like to buy fruits and vegetables produced near their homes. It is called *chisanchisho* in Japanese. This means "to consume the farm products in the area that has produced them."

❹ In the United States, they have the movement called Community Supported Agriculture (CSA). People give some money to the farmers living in their local area, and get fruits or vegetables from them. In other words, consumers support the farmers in their own community.

❺ *Chisanchisho* and CSA have some good points for people. First, consumers know which farm the fruits and vegetables come from. Second, the fruits and vegetables are fresh and taste delicious because they are carried for a short time from farms to stores. In addition, consumers can choose the farmers who don't use agricultural chemicals.

❻ Farmers are also careful about the safety of food. Some farmers are trying to produce fruits and vegetables without agricultural chemicals. Instead of agricultural chemicals, they use some kinds of insects.

❼ Plant lice are insect pests for vegetables. If farmers do not do anything, many vegetables will be eaten by them. So some farmers use ladybugs. They like to eat plant lice. As a result, farmers don't use any agricultural chemicals.

❽ Through agriculture, we can get many foods from nature. So agriculture is necessary for our lives. When we think of our future, we should be more careful about our foods to improve our lives.

大意

❶ 農業はとても大切である。農業を通じて、多くの食べ物が生産され、それで私たちは毎日食べ物を得ることができる。農業は多くの点で私たちの生活にとって必要である。

❷ 今日、日本では、農業について考える人たちが増えている。その理由の一つは食の安全である。「このニンジンは地元産ですか」とか「このキャベツは農薬を用いて生産されているものですか」と尋ねる人たちがいるのだ。

❸ 家の近くで生産された果物や野菜を買うことを好む人たちがいる。それを日本語で地産地消という。これは「農産物を産地で消費する」という意味である。

❹ アメリカには、「地域で支える農業 (CSA)」という活動がある。地元に住んでいる農家にお金を渡して、彼らから果物や野菜を買うのである。つまり、消費者が自身の地域社会の農家を支援するのである。

❺ 地産地消と CSA には、人々にとっていくつか利点がある。第一に、消費者はその果物や野菜がどの農場が生産されたか分かること。第二に、その果物と野菜が、農場からお店まで短時間で運ばれるため、新鮮でおいしいことである。その上、消費者は農薬を使わない農家を選ぶことができるのである。

❻ 農家もまた食の安全について注意を払っている。果物や野菜を、農薬を使わずに生産しようと努力している農家もある。彼らは農薬の代わりにある種の昆虫を利用する。

❼ アブラムシは野菜にとっては害虫である。もし農家が何もしなければ、多くの野菜がアブラムシに食べられてしまうことになる。そこで、一部の農家ではテントウムシを利用する。テントウムシはアブラムシを好んで食べる。その結果、農家はいかなる農薬も使用しない。

❽ 農業を通じて、私たちは自然から多くの食べ物を得ることができる。だから、農業は私たちの生活にとって必要なものである。私たちの将来について考えるとき、私たちは生活をより良くするために、食べ物についてもっと注意を払うべきである。

音読練習 DAY 4 | 風車を作った少年

❶ William Kamkwamba did a great thing when he was 14 years old. He **was born** in Malawi, Africa in 1987. When he was a junior high school student, there was a big **drought** in his country. Many people in his **village** died because they had no food to eat. His family **suffered** too. William's parents, like many other people in his village, were farmers. His parents could not get any **harvest**, and had no money for William to go to school. So, he **left** school when he was 14 years old.

❷ William helped his father with his job. However, even after he left school, he really wanted to study. So, he went to the library. Reading books became very important for him. One day, he found a book called "Using Energy." He saw a picture of **windmills** in the book. It was very interesting for him. William learned many things from the book. One of them is that the **power** which windmills make can **produce electricity** which is used to get water from under the ground. At that time in 2002, only 2% of all people in Malawi used electricity at home. Most people didn't have a **water supply**. William wanted to change that bad **situation** by building his **own** windmill.

❸ Building a windmill was really hard. William started **gathering** things which **were thrown away**. It was very surprising for the people in his village. Some people said bad things about him, and other people thought William had a **bad spirit** in his **mind**. **Even** his mother and sisters were not **on his side**. But he didn't give up working on his plan.

❹ It took three months for William to finish making his first windmill. It was made of trees and a lot of old things that were used, **such as** some parts of bikes, plastic **garbage**, **car batteries**, **and so on**. His windmill started working and producing electricity. When people in the village saw it, they thought he did a great thing. They also thought their lives would become better.

❺ William **continued to** build windmills for the village. One was given to a school for children. Another windmill was built to get water from under the ground. People in his village thanked William very much.

大意

❶ ウィリアム・カムクワンバは，14歳の時にすごいことをした。彼は1987年，アフリカのマラウィに生まれた。彼が中学1年生の時に，彼の国が大きな干ばつに見舞われた。食料が無くなって，彼の村では多くの人々が死んだ。彼の家族も苦しんだ。ウィリアムの両親は，村の他の多くの人たちがそうであったように，農家であった。彼の両親は収穫を得ることができず，ウィリアムを学校に行かせるお金がなかった。それで，14歳の時に彼は学校をやめたのであった。

❷ ウィリアムは父の仕事を手伝った。しかし，学校をやめた後も，彼は勉強がしたくて仕方がなかった。そこで，彼は図書館に通った。読書が彼にとって非常に大切なこととなった。ある日，彼は『エネルギー利用』という本を見つけた。彼はその本で風車の写真を見た。それは彼にとって非常に興味深いものであった。ウィリアムはその本から多くのことを学んだ。その一つは，風車が作り出す力は地下水を汲み上げるのに使う電気を生み出すことができる，ということである。2002年当時，家庭で電気を利用していたのは，マラウィの全人口の2%だけだった。大半の人は水道設備も持っていなかった。ウィリアムは，自身の風車を建てることで，そんなひどい状況を変えたかったのだ。

❸ 風車を建てることは本当に大変であった。ウィリアムは捨てられていたものを集め始めた。それは，その村人たちにとっては驚くべきことであった。彼の悪口を言う人たちもいれば，ウィリアムの心の中に悪霊がいると考える人たちもいた。彼の母親や姉妹でさえも，彼の味方にはつかなかった。しかし，彼は諦めずに自身の計画に取り組んだ。

❹ ウィリアムが最初の風車を作り終えるのには3カ月かかった。それは木や，自転車の部品，プラスチックゴミ，車のバッテリーなどといった使用済みの古いもので作られていた。彼の風車は回って電気を作り出し始めた。村の人々はそれを見て，ウィリアムはすごいことをした，と思った。また，自分たちの生活が良くなるだろうとも思った。

❺ ウィリアムは村のために風車を建て続けた。子供たちの学校に寄贈された風車もあれば，地下水を汲み上げるために建てられた風車もあった。村の人々はウィリアムに非常に感謝した。

音読練習 DAY 5 | 光害の影響と対策

❶ Light pollution. Have you ever heard about it? Many of you may know about "air pollution" or "water pollution." They mean that the air or water gets so dirty that people's lives are affected. However, light pollution is a little different. Light pollution is a series of problems caused by too much artificial light or by improper ways of lighting at night. It is becoming difficult for people to see many stars at night, but that is just one of the problems. Actually, there are more. Because of so much artificial light, animals and plants are also affected by light pollution. To some animals, light pollution has caused more serious problems. For example, think about what has happened to migrating birds. Some of them are nocturnal, so they can see well even when it is very dark. They usually travel at night to move from one area to another. When they see bright things around them, however, they are easily attracted to those bright things. So when they fly into an area which has a lot of buildings and towers shining with bright lights, they lose their sense of direction and don't know where they are flying.

❷ Now, what can we do about this problem? First of all, we can reduce the number of street lights that are not really necessary. Another thing we can do is to change the design of street lights. Some street lights do not have a cover on them, so the light is shining in every way. However, much of the light shining up into the sky is not actually useful. That is a waste of energy and money. So we should change the design in a way that will reduce such waste.

❸ Light pollution is one of many problems in our natural environment today. If more and more people around the world do something about this problem, the lives of animals affected by light pollution will be saved.

> 大意

❶ 光害。あなたは光害の話を聞いたことがあるだろうか。「大気汚染」や「水質汚濁」の話を知っている人は多いかもしれない。これらは，人々の生活が影響を受けるほど大気や水が汚れることを意味する。しかし，光害は少し違う。光害とは，夜間のあふれる人工光や不適切な照明方法によって引き起こされる一連の問題のことなのである。人々が夜，たくさんの星を見ることは難しくなってきているが，そのことはこの一連の問題の一つにすぎない。実は，もっとたくさんの問題があるのだ。多くの人工光のせいで，動植物も光害による影響を受けている。ある動物にとっては，光害はより深刻な問題を引き起こしている。例えば，渡り鳥に起こっていることについて考えてみよう。渡り鳥の中には夜行性のものがおり，そのためかなり暗い中でもよく目が見える。彼らはふつう夜間に飛行して，ある場所からある場所へと移動する。しかしながら，周りに明るいものを見ると，その明るいものに簡単に引き寄せられてしまう。したがって，彼らが明るく輝くたくさんの建物や塔があるエリアへと飛んで行くと，方向感覚を失って，どこを飛んでいるのか分からなくなる。

❷ さて，この問題について私たちに何ができるだろうか。まずは，あまり必要でない街灯の数を減らすことができる。街灯のデザインを変えることも私たちにできることだ。街灯の中にはカバーが付いていないものがあり，そのため光があらゆる方向に漏れている。しかしながら，空に向かって漏れている光の多くは，事実上役に立っていない。これはエネルギーとお金の無駄である。だから，そのような無駄を減らすようにデザインを変えるべきなのである。

❸ 今日，光害は私たちの自然環境における数多くの問題の一つである。もし，世界中のもっともっとたくさんの人たちがこの問題について何かすれば，光害の影響を受けている動物の命はきっと救われるだろう。

音読練習 DAY 6 | 笑うと手をたたくのはなぜ？

❶ When people burst into laughter, they act differently. Some people clap their hands. Other people stomp their feet or slap their knees. People on TV, such as comedians, clap their hands loudly because they know clapping makes the situation funnier. When you see such comedians, you may sometimes think their actions are unnatural. However, most people clap or stomp unconsciously when they laugh. Do you know the reason why?

❷ Generally speaking, people unconsciously clap or stomp because they are trying to release stress. You may not believe that laughing causes stress. Actually, you may think that laughing relieves it. However, the word "stress" is used to mean any feeling that affects the human body. Although laughing may have positive effects, it is still a stressful activity. When people laugh, they experience stress at the same time. To cope with it, they do things like clapping their hands.

❸ Humans are not the only species that use these methods to release stress. Interestingly, chimpanzees also do so. Considering chimpanzees are our closest living relatives, it's not surprising to learn that they have some of the same habits as we do. Clapping may be caused by something deep in our DNA that comes from our ape ancestors.

❹ You may feel a little embarrassed when you learn that our behavior is similar to that of chimpanzees. Now that you know this, will you stop clapping your hands when you laugh?

大意

❶ 人はどっと笑いだすとき，様々な仕草をする。ある人は手を叩く。またある人は足を踏み鳴らしたり，膝をぴしゃりと叩いたりする。コメディアンなど，テレビに出ている人たちは手を派手に叩くが，そうすることでその場がより面白くなることを知っているからである。あなたがそのようなコメディアンを見たら，時に彼らの仕草を不自然だと思うことがあるかもしれない。しかしながら，大半の人は笑うときに，無意識に手を叩いたり，足を踏み鳴らしたりしているのである。その理由をご存じだろうか。

❷ 一般的な話をすれば，人はストレスを発散しようとして，無意識に手を叩いたり，足を踏み鳴らしたりする。笑うことでストレスが生じると言ったら，まさかと思うかもしれない。むしろ，笑うことはストレスを和らげると思っているかもしれない。しかしながら，「ストレス」という言葉は人間の体に影響を及ぼすいかなる感情をも意味するものとして使われるのである。笑うことにはプラスの効果があるかもしれないが，それでも，笑うという行為はストレスの多い行為なのである。人は笑うとき，同時にストレスをも経験しているのである。そのストレスを処理するために，人は手を叩くといったことを行うのである。

❸ ストレスを発散するためにこういった方法を使う種（しゅ）は人間だけではない。興味深いことに，チンパンジーもまたそうするのだ。チンパンジーが私たちに一番近い，現存している同種の動物であることを考えれば，彼らが私たちと同じ習慣を一部持っているということを知っても驚くようなことではない。手を叩くという行為は，類人猿の祖先から続く私たちのDNAの深いところにある何かによって引き起こされているのかもしれない。

❹ 私たちの行動がチンパンジーの行動と似ていると知って，あなたは少し恥ずかしく思うかもしれない。さあ，あなたはこのことを知って，笑うときに手を叩くのをやめますか。

音読練習 DAY 7 | 宇宙ゴミ

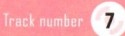

❶ Do you know what there is in space? Planets? Stars? Yes. There are planets and stars, but you are missing something important. Debris. There is a lot of debris in space. The debris is called "space debris" and it has become a serious problem. However, cleaning up space is not as easy as cleaning up your room or your neighborhood.

❷ Space debris is mainly made up of old satellites and pieces broken off spacecrafts. Although scientists have been trying to understand the mechanisms of space, they haven't done enough to deal with space debris. Therefore, the amount of space debris has been increasing. A few hundred-thousand pieces of space debris are in orbit around the earth.

❸ It is not surprising that the debris causes trouble. If a spacecraft crashes into even a very small piece of debris, it can be damaged and may not be able to come back to Earth. Furthermore, if large pieces of debris hit each other, the impact will create thousands of smaller pieces of debris. It is said that such crashes happen every four or five years.

❹ Although scientists have been discussing measures to remove debris from space, they haven't come up with anything practical. To make matters worse, new small pieces of debris are constantly being created because of debris crashes. Even to simply maintain the current amount of debris, scientists estimate that it is necessary to remove five unused satellites every year. However, this is considered unrealistic. Therefore, in terms of space development today, scientists must consider not only effective ways to explore space, but also effective ways to remove the debris we leave in space.

大意

❶ 宇宙には何があるか，ご存じだろうか。惑星？ 恒星？ そう。惑星や恒星があるが，あなたは重要なものを見落としている。ゴミである。宇宙にはたくさんのゴミがあるのだ。そのゴミは「宇宙ゴミ」と呼ばれており，深刻な問題となっている。しかしながら，宇宙を掃除することは，自分の部屋や近所を掃除することほど簡単ではない。

❷ 宇宙ゴミは主に古い人工衛星と宇宙船からはずれ落ちた断片から成る。これまで科学者たちは宇宙のメカニズムを理解しようと努力してきたが，宇宙ゴミに対処することに対しては十分にしてこなかった。それゆえ，宇宙ゴミの量は増え続けている。数十万個もの宇宙ゴミが地球の周回軌道上にあるのだ。

❸ そのゴミが問題を引き起こしているということは，驚くようなことではない。もし，宇宙船がとても小さな一つのゴミの破片に衝突したら破損する可能性があるし，地球に戻って来られなくなるかもしれない。さらに，もし大きなゴミどうしが衝突したら，その衝撃で何千ものより小さなゴミを作り出すことになるだろう。そのような衝突は4, 5年毎に起きていると言われている。

❹ 科学者たちは宇宙からゴミを取り除くための方法について議論はしてきたが，現実的な方法は何ら思いついてはいない。さらに悪いことに，ゴミの衝突によって新たな小さなゴミが今も絶えず作り出されている。現在のゴミの量を維持するためだけでも，使われていない人工衛星を毎年5基，取り除くことが必要だと科学者は推定している。だが，これは非現実的だと考えられている。したがって，今日の宇宙開発という観点からは，科学者たちは宇宙を探査するための効果的な方法だけでなく，私たちが宇宙に残しているゴミを取り除くための効果的な方法も考えなければいけないのだ。

音読練習 DAY 8 | 飢餓の原因

❶ Every year more than fifteen-million people **die of hunger**. More than seventy percent of them are children and most of them live in **developing countries**. You may believe that world hunger **exists** because of **shortfalls** in food **production**. However, this is **not always** true. Actually, we produce enough **grain** to **feed** every person in the world. If grain were given equally to people around the world, each person would get about 320 kilograms of grain a year. This amount is about twice as much as one Japanese person eats in a year. So, why do many people **starve**?

❷ The problem is the **distribution** of food. **In regard to** the distribution of grain, for example, the **majority** of grain which is produced in developing countries is **exported** to **developed countries**. There, it is used to feed cows, pigs and chickens, which are **consumed** in developed countries. **In other words**, people in developing countries are starving while producing grain for developed countries.

❸ In order to deal with world hunger, **organizations** such as the World Food Programme **play** very important **roles**. The World Food Programme **provides food assistance** to around 80 million people each year. However, **aside from** such organizations, people in developed countries should **reconsider** their **eating habits**. For instance, Japan **throws away** about 20 million **tons** of food every year. However, about half of the amount thrown away is still **edible**. It is **extremely** important to **reduce** the **waste** of food as much as possible. When trying to **deal with** the problem of hunger, the first step should be to reduce the amount of food we throw away.

大意

❶ 毎年1500万人以上の人が餓死している。彼らの70％以上が子供であり，そしてそのほとんどが発展途上国に住んでいる。食料の生産不足が原因で世界の飢餓は存在する，とあなたは考えているかもしれない。しかしながら，これは必ずしも正しいとは限らない。むしろ，私たちは世界中の全ての人に食料を供給することができるだけの穀物を生産している。もし仮に穀物が世界中の人々に平等に与えられたなら，一人あたり年に約320キログラムの穀物がもらえることになる。この量は日本人一人が1年間に食べる量の約2倍である。では，なぜ多くの人が飢えているのか。

❷ 問題は食料の分配である。穀物の分配に関しては，例えば，発展途上国で生産される穀物の大部分は先進国に輸出される。そこで，それは牛，豚，鶏のえさに使われ，それらの家畜は先進国内で消費される。言い換えれば，発展途上国の人々は先進国のために穀物を生産している一方で，飢えているということなのだ。

❸ 世界の飢餓に対処するために，世界食糧計画などの組織がとても重要な役割を果たしている。世界食糧計画は，毎年約8000万人に食糧支援を提供している。しかしながら，そのような組織は別として，先進国の人々も自らの食習慣について再考すべきである。例えば，日本は毎年約2000万トンの食べ物を捨てている。しかしながら，捨てられている量のおよそ半分はまだ食べることができるものである。できるだけ多くの食料廃棄物を減らすことが極めて大切である。飢餓の問題を解決しようとするときの初めの一歩は，私たちが捨てている食べ物の量を減らすことであるべきなのだ。

音読練習 DAY 9 | 聞き上手

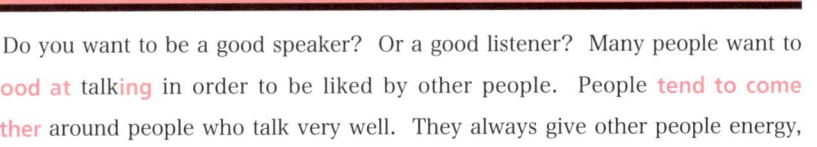

❶ Do you want to be a good speaker? Or a good listener? Many people want to be good at talking in order to be liked by other people. People tend to come together around people who talk very well. They always give other people energy, so they are very popular. For that reason, many people believe that a person who is good at talking is likely to create good relationships. However, the truth is different. A person who is good at listening to other people is more likely to have good relations with the people around them.

❷ Why do good listeners have good relationships with others? There are generally two reasons for this. Firstly, we, as people, like ourselves. We are usually interested in things about ourselves. Therefore, we like a person who will listen to us.

❸ Secondly, we want to tell others how we feel. Many people feel better after complaining to someone about something. We can also get our anger out by telling someone about it. This is the same for emotions such as joy or fear. Human beings want people to listen to them.

❹ If you want to make good relationships in your life, it is important to listen to others carefully. You should look the person who is talking to you in the eye, nod at the right time, and sometimes comment to show them that you are listening. Also, they don't always want to hear your opinion, so you don't have to give them opinions or advice, especially when they are angry.

大意

❶ あなたは話し上手になりたいだろうか？ それとも聞き上手になりたいだろうか？ 多くの人が，他人に好かれるために，話をすることが上手になりたいと思っている。人には話が非常に上手な人の周りに集まる傾向がある。話し上手は常に人に元気を与えるので，とても人気を集めるのだ。そのため，話し上手な人は良い人間関係を築きやすいと考える人が多い。しかしながら，真実は異なる。聞き上手な人のほうが周りの人たちと良い関係を築きやすいのだ。

❷ なぜ，聞き上手は人と良い関係が築けるのか？ それには一般に二つの理由がある。一つは，私たちは，人間として自分のことが好きであるということである。私たちはふつう自分に関することに興味がある。したがって，自分の話を聞いてくれる人が好きなのだ。

❸ 二つ目に，私たちは人に自分の気持ちを伝えたいのだ。人に何か不満を言った後は気分が良くなるという人は多い。また，腹が立ったことを人に話すことで，その怒りを鎮めることもできる。これは喜びや恐怖といった感情に対しても同じである。人間は人に自分の話を聞いてもらいたいのだ。

❹ もし人生において良い人間関係を築きたかったら，人の話を注意深く聞くことが大切だ。話している相手の目を見て，適宜うなずき，相手の話を聞いていることを示すために，時々意見を言うのがよい。また，相手はいつもあなたの意見が聞きたいとは限らないので，特に相手が怒っているときは，相手に意見を言ったり，アドバイスをしたりする必要はない。

音読練習 DAY 10 | 上を見上げて考える習慣

❶ Have you ever looked up when thinking? I often do. When I was a child, I liked watching **cartoons**. I would often see cartoon characters who would look up while thinking and **come up with** a good idea. When a character looks up when they think, a cloud often **appears** above them. It shows the **content** of their thoughts, which is often surprising and **amusing**. Perhaps the reason I look up when I think is the memory of the cartoon characters I **used to** watch.

❷ Why do you sometimes look up when you think? For example, you may look up when you **remember** something, think about a plan, or try to **solve** a difficult **problem**. **Some** people turn their eyes to the ceiling; **others raise** their head and close their eyes.

❸ **According to** scientists, looking up while thinking **seems to result from** trying to **avoid** unnecessary thoughts. If you see something while thinking, you turn your **attention** to it, but by doing so, you may not be able to **concentrate**. It is said that in order to avoid this **situation**, you **unconsciously** look up at a place where something won't **come into view**. Also, by looking down, something may not come into view, but people would probably think you were worried or shy. **As a result**, you unconsciously **learn to** look up.

❹ According to another **theory**, looking up **stimulates** your neck, **improves** the blood flow to your brain, and makes your brain work better. If your brain works **efficiently**, you may be able to **call up** memories or come up with a good idea.

❺ There are various theories about thinking and looking up, so it could be interesting to think about it while looking to the sky!

大意

❶ ものごとを考えているときに、上を見たことはあるだろうか。私はよくする。子供の頃、私はアニメを見るのが好きだった。上を見て考えごとをし、良い考えを思いつくアニメのキャラクターの姿をよく見たものだ。キャラクターが考えごとをするときに上を見ると、よく雲のようなものがその頭の上に現れる。それは彼らが考えている内容を表し、それは多くの場合、驚くような、それでいて愉快な内容である。おそらく、ものを考えるときに上を見る理由は、私がかつてよく見ていたアニメのキャラクターの記憶なのかもしれない。

❷ あなたはなぜ考えごとをするとき、上を見ることがあるのだろうか。例えば、何かを思い出すとき、ある計画について考えるとき、あるいは難しい問題を解決しようとするときに、あなたは上を見るかもしれない。視線を天井に向ける人もいれば、顔を上げて目を閉じる人もいる。

❸ 科学者によると、考えごとをしている間に上を見るのは、不必要な思考を避けようとする結果生じるようだ。もし考えごとをしながら何かを見ていたら、それに注意を向けてしまうが、そうすることによって、集中することができなくなる場合がある。この状態を避けるために、目線を上げて何かが視界に入って来ることのないところを無意識に見るのだと言われている。目線を落とすことでも、何かが視界に入って来るということはないかもしれないが、(そんなことをしたら) おそらく心配ごとがあるのかなとか、恥ずかしがり屋なのかなと思われてしまうだろう。その結果、無意識に上を見るようになるのだ。

❹ 別の説によると、見上げることで首に刺激が与えられ、脳への血流がよくなり、頭がよく働くようになる。もし頭が効率良く働くと、記憶を呼び起こすことができたり、良い考えが浮かんだりするかもしれない。

❺ 思考と見上げることについては様々な説があるので、空に視線を向けながらこのことについて考えるのも面白いかもしれない！

音読練習 DAY 11 | 犬と猫の学習の違い

❶ You may have **noticed** that cats and dogs learn differently. **For example**, you can teach dogs to roll over for a piece of food. It is a lot harder, **on the other hand**, to teach cats. But that does not **mean** that cats are not as smart as dogs. It also does not mean that dogs learn faster than cats. Dogs and cats **simply** learn differently. Their learning **styles influence** the types of things that you can teach these animals to do. For example, it takes no time for cats to **learn to** use a special box as a toilet. However, dogs take more time to learn where and when they should go to the toilet.

❷ Why are these animals different? You have to think about how these animals **act in the wild**. If something is **natural** for an animal to do, it is easier for the animal to learn. But why can people teach dogs to sit but not cats? Cats and dogs **indeed** both sit in the wild, **after all**. This **actually has to do with** the **fact** that dogs live in groups in the wild, but cats live alone. In a group of wild dogs, there is one powerful **male** that is the boss. All of the other dogs work to **please** this boss. When a dog comes into a person's house to live, the person in the house becomes the boss. Your dog **naturally** wants to please you so that you will let it live with you.

❸ Cats are different. Cats do not live in groups with a boss. When a cat comes to live at your house, it **sees** you **as** an **equal**. **Therefore**, it will not try so hard to please you. **In conclusion**, cats and dogs have different **reasons** for learning the things they do.

大意

❶　あなたは，猫と犬とでは学習の仕方が違うということに**気づい**ているかもしれない。**例えば**，エサで釣って犬にゴロンと転がるよう教えることができる。**一方**，猫に教えるのははるかに難しい。しかし，だからといって，それは猫が犬ほど賢くない**ということ**ではない。また，犬が猫よりも学習が速いということでもない。犬と猫とでは，**単に**学習の仕方が違うのだ。犬や猫の学習の**仕方**は，これらの動物に教えることができることの種類**に影響を及ぼす**。例えば，猫はあっという間にトイレとして専用の箱を使**えるようになる**。しかし，犬がいつどこでトイレすればよいかを学習するまでには，猫よりも時間がかかる。

❷　なぜこれらの動物は異なるのか。それには，これらの動物が**野生**でどのように**行動**しているかを考えなくてはならない。もしあることをすることがある動物にとって**自然**だとすれば，それはその動物にとって学習しやすいことなのである。しかし，なぜ，犬にお座りを教えることができて，猫にはできないのか。**なにしろ**猫も犬も野生では**確か**に座るわけなの**だからだ**。**実は**，野生では犬は集団で生活をしているが，猫は単独で生活しているという**事実と関係がある**。野生の犬の集団には，ボスである一匹のとても強い**オス**がいる。その他の犬はみな，このボス**を満足させる**ために動く。犬が人間の家で生活するようになると，その家の人間がボスとなる。あなたの犬は，いっしょに住まわせてもらうために，**自然**とあなたを喜ばせたいと思うのだ。

❸　猫は違う。猫はボスのいる集団で生活しているわけではない。猫があなたの家で暮らすようになると，あなた**を同等の存在とみなす**。**したがって**，猫は一生懸命あなたを喜ばせようとはしないだろう。**要するに**，猫と犬では行動を学習する**理由**がそれぞれ違うのだ。

音読練習 DAY 12 ｜ 市場調査

Track number 12

❶ The success of any business is derived from its ability to fulfill consumers' needs. Uncovering such needs is a priority for every business decision maker. Collecting and analyzing consumer information in detail may lead to the success of the business. This process is called marketing research.

❷ However carefully planned, marketing research is not a magic-tool to predict business success. Nevertheless, it enables business people to reduce the chances of taking wrong steps in decision-making.

❸ Some big companies are wealthy enough to spend billions of dollars on marketing research to grasp buyers' desire and identify target markets. On the other hand, there are other, more economical approaches to understanding what the customers think. There are several types of research methods that can be utilized in different business circumstances as follows:

❹ Informal research is usually conducted through talking with customers as well as with retailers or wholesalers. Through this practice, business leaders are able to find the "hidden wants" of the customers or clients. For example, the owner of a restaurant may talk to customers to check their dining preferences before revising the menu.

❺ A statistical survey is also widely accepted as a measure to determine customers' attitudes toward products. There are many companies that specialize in this, since a statistical review may help business owners make proper judgments. Producing questionnaires and analyzing the responses are essential parts of a statistical survey.

❻ Test marketing is a common method used when businesses attempt to evaluate new products. After deciding on a region or city as a mock-target market, they start selling a product before the official sales promotion starts. They can obtain first-hand information from customers about the product. If customers' reactions are not as welcoming as expected, the firm may have to find alternative products or different strategies for selling the products. The result may also help the firm select proper promotional tactics.

❼ Motivational research is used to discover the subconscious and emotional aspects of purchasing a product. Conducting such research often involves in-depth interviews designed to identify the psychological profile of consumers. The results of the interviews are often analyzed by psychologists or behavioral scientists experienced in uncovering the hidden motives of consumers.

大意

❶ どんな事業の成功も，消費者のニーズを満たす能力から生まれる。そのようなニーズを発掘することは，あらゆる事業の意思決定者にとって優先事項である。消費者の情報を収集し，詳細に分析することが，事業の成功につながる場合がある。この(消費者情報の収集と分析という)過程を市場調査という。

❷ どれほど入念に市場調査を計画しても，それは事業の成功を予言する魔法の道具ではない。にもかかわらず，市場調査を行うことで，実業家は意思決定を誤る可能性を減らすことができる。

❸ 大企業の中には，買い手の願望を把握して対象販売層を特定するために，市場調査に数十億ドルも使えるほど資金のある企業もある。その一方で，顧客が考えていることを理解するための，もっと安価な方法が他にもある。様々なビジネス環境において利用可能な数タイプの調査方法があり，それは次の通りである。

❹ 略式調査は，通常，小売業者や卸売り業者だけでなく，消費者とも話をすることで行われる。これを実施することで，ビジネスリーダーは客や取引先の「隠れた要求」を見つけることができるのだ。例えば，レストランのオーナーがメニューを改定する前に，客の食事の好みを調べるために客と話をすることがある。

❺ 統計調査も，製品に対して客がどう考えているかを明らかにする基準として広く受け入れられている。統計的な説明が，事業主が適切な判断をするのに役立つことがあるので，統計調査を専門にしている企業は多い。アンケートを作成して，その回答を分析することは，統計調査の極めて重要な部分である。

❻ 市場実験は，企業が新製品を(売れるかどうか)見極めようとする場合に使われる一般的な方法である。模擬的な目標市場としてある地域や都市を選んだ後，正式な販売促進を始める前に製品を売り始める。その製品について客から直接の情報を得ることができるわけだ。もし客の反応が思ったほど良くなければ，その会社が別の製品を探すか，その製品を売るための違う戦略を見つけなければならない場合がある。この結果は，その会社が適切な促進戦術を選択するのに役立つこともある。

❼ 動機調査は，製品を購入するときの潜在意識の側面と感情的な側面を明らかにするために用いられる。そのような調査の実施には，消費者の心理的な側面をつきとめるために計画された綿密な聞き込み調査が含まれていることが多い。聞き込み調査の結果は，消費者の隠れた動機を明らかにすることに熟練した心理学者や行動科学者によって分析されることが多い。

音読練習 DAY 13 ｜ レアアース

❶ You have probably heard about rare earths recently and how important they are in many of today's high technology. But what are they? Rare earth elements or rare earth metals are a set of seventeen chemical elements in the periodic table. The reason they are called rare earths is that they are not found in large amounts like other metals such as copper or iron. The first rare earth was discovered in 1787 in Sweden. They have been found in places like Brazil, India, China, the USA and other countries. In 2011 a geologist at the University of Tokyo found them in mud on the bottom of the sea in very large amounts. However, the technology to mine them has to be developed.

❷ Rare earths are expensive for two reasons. The first is that they are not found in large quantities to make mining economical. The second reason is that they have to be removed and separated from other minerals. Until efficient separation techniques were developed in the late 1950's and early 1960's they were not used widely. In the past decade, rare earths have become very important to green technology, clean energy and high technology. Some examples of where they are used is in the technologies used in hybrid and electric cars. They are also important in wind turbines and jet engine parts, solar cells and flat panel display screens. They are also used in MRI machines which are used in many hospitals today. They are important because they make magnets lighter. They bring color to the touch screens of smart phones.

❸ Recently, new advances in recycling technology are making it possible to recover rare earths from used electronic products. Rare earths have also recently been found in old piles of dirt and rock left behind when people were mining for gold, silver and copper in the Western United States.

大意

❶ 最近，レアアースの話を，そして今日の最先端科学技術の多くにおいてどれほどレアアースが重要かという話を，おそらく聞いたことがあるだろう。しかし，レアアースとは何なのか。レアアース元素，すなわちレアアース金属とは，元素周期表の中の 17 個の化学元素のグループのことである。レアアースと呼ばれる理由は，銅や鉄といった他の金属のようには大量には見つからないからである。最初のレアアースは，1787 年にスウェーデンで発見された。これまでにブラジル，インド，中国，アメリカ合衆国やその他の国々で発見されている。2011 年には，東京大学の地質学者が，海底の泥の中に大量のレアアースを発見した。しかし，それらを採掘する技術はこれから開発しなければならない。

❷ レアアースは二つの理由で高価である。一つは，レアアースは採掘費用を安価にできるくらい大量には見つからないからである。二つ目の理由は，レアアースは他の鉱石から取り出して分離しなくてはならないからである。効率的な分離技術が 1950 年代後半から 1960 年代初頭にかけて開発されるまで，レアアースは広くは使用されていなかった。この 10 年間で，レアアースは，環境保全技術，クリーンエネルギー，そして最先端技術にとって非常に重要なものとなった。レアアースが使用されているところの例の一部には，ハイブリッド自動車や電気自動車に使われる技術分野がある。また，風力タービン，ジェットエンジンの部品，太陽電池，フラットパネルディスプレイスクリーンにおいてもレアアースは重要である。今日，多くの病院で使われている MRI（磁気共鳴映像法）機器でもレアアースは使用されている。レアアースが重要なのは，磁石を軽量化できるからである。スマートフォンのタッチスクリーンがカラーなのもレアアースのおかげである。

❸ 最近では，リサイクル技術の新たな発達のおかげで，使用済みの電気製品からレアアースを回収することが可能になってきている。また，最近では，アメリカ合衆国西部で，金，銀，銅を採掘していたときに後に残った土や岩の古い山の中にレアアースが見つかっている。

音読練習 DAY 14 | クモの巣の特徴と役割

❶ They weigh almost nothing, yet they are stronger than steel. In fact, some spiders' webs are among the world's strongest materials, but they stretch more than elastic. They can also be any shape. Spider webs are amazing.

❷ A spider's silk-making organ has hundreds of small openings. Silk comes out of these openings as a liquid, and, as it reaches the air, it becomes thread-like. These tiny threads combine to form a single, solid thread.

❸ The spider can make many different kinds of thread. The threads can be thick or thin, wet or dry, sticky or woolly. Each kind has a different purpose. Some webs create an egg case — an egg case protects spider eggs until the babies come out. Others provide hiding places. The most common purpose of a spider web, however, is to catch food.

❹ There are many ways the spider uses its web to catch prey. For example, some spiders spin a single thread. An insect then sits on it without realizing what it is doing, and becomes stuck. Slowly, the spider moves toward the insect. Suddenly, it covers its prey in silk.

❺ Argiope spiders use a different kind of trap. They make webs that confuse insects. An insect sees the web and thinks it's a flower. It then lands on the web. The spider can feel even the smallest movement of the web, and rushes at the insect before it can get away.

❻ Spider webs are so amazing that engineers have been studying them for years. They want to learn why they are so strong and flexible. However, for the moment, spiders are keeping their secrets. Despite their science and technology, humans still haven't been able to copy natural webs.

大意

❶ それは重さがほぼゼロだが，鋼鉄よりも頑丈である。事実，一部のクモの巣は世界で最も頑丈な素材の一つだが，ゴムひもよりも伸縮する。また，どんな形にもなる。クモの巣というのは驚くほど凄い素材なのである。

❷ クモの糸を作り出す器官には数百もの小さな穴が開いている。クモの糸はこれらの穴から液体の状態で出てきて，空気に触れると糸状になる。このごく小さな糸が結合して，1本の個体の糸になるのである。

❸ クモは多くの様々な種類の糸を作ることができる。太い糸にも細い糸にも，湿った糸にも乾いた糸にも，べとべとした糸にももじゃもじゃした糸にもなる。それぞれの種類の糸には異なる用途がある。クモの巣の中には卵の鞘（さや）を作るものがある。この鞘がクモの子が出てくるまで卵を保護するのだ。隠れる場所を与えてくれるクモの巣もある。しかし，最も一般的なクモの巣の用途は，エサを捕まえることである。

❹ クモが獲物を捕えるためにクモの巣を利用する方法はたくさんある。例えば，あるクモは1本の糸を吐き出す。すると昆虫がわけもわからぬままその糸の上に乗り，動けなくなってしまう。ゆっくりと，クモは昆虫の方に向かって行く。突然，クモは糸でその獲物を覆ってしまうのだ。

❺ コガネグモはこれとは違う罠をしかける。彼らは昆虫を惑わすクモの巣を作るのだ。昆虫はクモの巣を見て，それを花だと思う。それでそのクモの巣にとまる。コガネグモはクモの巣の極めて小さな動きも感じることができ，その昆虫が逃げる前に襲い掛かるのだ。

❻ クモの巣は非常に驚異を感じさせるので，技術者は何年もクモの巣を研究している。なぜクモの巣があれほど頑丈でしなやかなのか，彼らは知りたいのである。しかしながら，当分の間は，クモはその秘密を守り続けるだろう。人間の科学と技術をもってしても，未だ自然界のクモの巣を複製することはできていない。

音読練習 DAY 15 ｜ 肉食が環境に与える影響

Track number 15

❶ Recently, researchers from the Union of Concerned Scientists in the U.S. released a report on how consumer behavior affects the environment. Their study showed that meat consumption is one of the main ways that humans can damage the environment, second only to the use of motor vehicles.

❷ So, how can a simple thing like eating meat have a negative effect on the environment? The most important impact of meat production is through the use of water and land. Two thousand five hundred gallons of water are needed to produce one pound of beef, whereas only twenty gallons of water are needed to produce one pound of wheat.

❸ By producing crops instead of animals, we can make more efficient use of the land and water. One acre of farmland that is used for raising livestock can produce 250 pounds of beef. One acre of farmland used for crops can produce 40,000 pounds of potatoes, 30,000 pounds of carrots, or 50,000 pounds of tomatoes.

❹ Furthermore, farm animals add to the problem of global warming. All livestock animals such as cows, pigs, and sheep release methane by expelling gas from their bodies. One cow can produce up to sixty liters of methane each day. Methane gas is the second most common greenhouse gas after carbon dioxide. Many environmental experts now believe that methane is more responsible for global warming than carbon dioxide. It is estimated that twenty-five percent of all methane released into the atmosphere comes from farm animals.

❺ People are becoming aware of the benefits of switching to a vegetarian diet, not just for health reasons, but also because it plays a vital role in protecting the environment. Some people go further, and eat a vegan diet, which excludes all products from animal sources, such as cheese, eggs, and milk. However, some nutritionists believe that a vegan diet can be deficient in some of the vitamins and minerals that our bodies need daily.

❻ Today, many people are concerned about improving their health, and about protecting the environment. Switching to a vegetarian diet — or just eating less meat — is a good way to do both of these things at the same time.

大意

❶ 先頃，アメリカ合衆国の「憂慮する科学者同盟」に所属している研究者らが，消費者行動が環境にどのような影響を及ぼすのかに関する報告書を公表した。彼らの研究で，肉の消費は，人間が環境を破壊する可能性のある主な原因の一つであり，自動車の使用に次ぐ2番目の原因であることが示された。

❷ では，肉を食べるといった単純なことが，どういうわけで有害な影響を環境に与えうるのか。食肉生産が及ぼす影響の中では，水と土地の使用による影響が最も重要である。1ポンドの牛肉を生産するのに 2,500 ガロンの水が必要とされるのに対し，1ポンドの小麦を生産するのには 20 ガロンしか必要とされない。

❸ 動物の代わりに農作物を生産することによって，私たちは土地と水をもっと効率的に利用することができる。家畜を育てるために使われる農地1エーカー当たりが生産できる牛肉は，250 ポンドである。作物に使われる農地1エーカー当たりからは4万ポンドのジャガイモや3万ポンドのニンジン，あるいは5万ポンドのトマトを生産することができるのだ。

❹ さらに，家畜は地球温暖化の問題を増大させている。牛，豚，羊といった家畜動物のすべてが，体からガスを排出することでメタンガスを放出している。一頭の牛が一日に出すメタンガスの量は，最大で60リットルに及ぶ可能性がある。メタンガスは二酸化炭素に次いで2番目に一般的な温室効果ガスである。現在，多くの環境専門家が，メタンガスは二酸化炭素よりも地球温暖化の原因となっていると考えている。大気中に放出されるすべてのメタンガスのうち，25 パーセントが家畜から放出されるものであると推定されている。

❺ 健康志向を理由とするだけでなく，環境を保護する上で極めて重要な役割を果たしているという理由からも，人々は菜食に変更するメリットに気づき始めている。中にはさらに踏み込んで，完全菜食の食事をとる人たちもいる。それは，チーズ，卵，ミルクといった動物源由来のすべての製品を排除する食事である。しかし，栄養士の中には，完全菜食主義の食事では，我々の体が毎日必要とするビタミンとミネラルの一部が不足する可能性がある，と考える人もいる。

❻ 今日，健康状態を向上させることと，環境を保護することについて関心を持っている人は多い。菜食に変更すること―もしくはあまり肉を食べないだけでも―は，その両方を同時に行う良い方法である。

HECK THE
ORDS AND
HRASES
EFORE
READING ALOUD

DAY 1

001	develop [dɪvéləp ディヴェロップ]	他動 ～を開発する	◎306 develop
002	cardboard box	名C 段ボール箱	
003	metal [métl メトゥ]	名U 金属	
004	actually [ǽktʃuəli アクチュアリー]	副 実際に	◎233 act, 85・238 actually
005	dispose of	成句 ～を処分する	
006	high performance paper	名U 高性能紙	
007	against [əgé(ɪ)nst アゲーンスト]	前 ～に対して	
008	wallpaper [wɔ́ːlpèɪpər ウォーウペイパー]	名U 壁紙	
009	company [kʌ́mpəni カムパニー]	名C 会社	
010	useful [júːsfl ユースフォウ]	形 有用な	◎141 unused, 205 used to do(~)

DAY 2

011	severe [sɪvíər スィヴィアー]	形 (天候・状況が)厳しい
012	hill [híl ヒゥ]	名C 丘；坂(道)
013	take care of	成句 ～の世話をする
014	return to	成句 ～に戻る
015	over [óʊvər オウヴァー]	副形 終わって
016	hold [hóʊld ホウゥド]	他動 ～を開催する
017	memorial event	名C 記念式典
018	cross [krɔ́(ː)s クロース]	他動 ～を横切る
019	finishing line	名C ゴールライン
020	announcement [ənáʊnsmənt アナウンスメント]	名C 発表, アナウンス

DAY 3

021	agriculture [ǽgrɪkʌ̀ltʃər アグリカウチャー]	名U 農業	◎31 agricultural chemical
022	through [θrúː スルー]	前 ～を通じて, ～によって	
023	produce [prədjúːs プロデュース]	他動 ～を生産する	◎54 produce, 151 production
024	necessary [nésəsèri ネセセリー]	形 必要な	
025	in many ways	成句 多くの点で	
026	reason [ríːzn リーズン]	名C 理由	◎248 reason
027	safety [séɪfti セイフティー]	名U 安全	◎88 save
028	carrot [kǽrət キャロット]	名CU ニンジン	

029	☐	local [lóukl ロウコウ]	形	地元の
030	☐	cabbage [kæbɪdʒ キャビッジ]	名CU	キャベツ
031	☐	agricultural chemical	名C	農薬　◎21 agriculture
032	☐	consume [kəns(j)úːm コンスーム]	他動	〜を消費する　◎161 consume, 359 consumer, 363 consumption
033	☐	farm product	名C	農作物
034	☐	movement [múːvmənt ムーヴメント]	名CU	動き　◎350 movement
035	☐	in other words	成句	つまり，すなわち　◎162 in other words
036	☐	community [kəmjúːnəti カミューニティー]	名C	地域社会
037	☐	careful [kéərfl ケアーフォウ]	形	注意深い　◎192 carefully
038	☐	instead of ~	成句	〜の代わりに　◎375 instead of ~
039	☐	insect [ínsekt インセクト]	名C	昆虫　◎345 insect
040	☐	plant louse	名C	アブラムシ　》lice は louse の複数形。lice は「シラミ」のこと。
041	☐	insect pest	名C	害虫
042	☐	ladybug [léɪdibʌ̀g レイディーバッグ]	名C	テントウムシ
043	☐	as a result	成句	その結果　◎218 as a result
044	☐	nature [néɪtʃər ネイチャー]	名U	自然　◎235 natural, 243 naturally, 95 unnatural
045	☐	improve [ɪmprúːv インプルーヴ]	他動	〜を改善する　◎222 improve

DAY 4

046	☐	be born	成句	生まれる
047	☐	drought [dráʊt ドラウト]	名CU	干ばつ
048	☐	village [vílɪdʒ ヴィリッジ]	名C	村
049	☐	suffer [sʌ́fər サファー]	自動	苦しむ
050	☐	harvest [háːrvɪst ハーヴィスト]	名CU	収穫
051	☐	leave [líːv リーヴ]	他動	(学校を)辞める，退学する
052	☐	windmill [wíndmɪl ウィン(ド)ミウ]	名C	風車(小屋)
053	☐	power [páʊər パウアー]	名U	力
054	☐	produce [prəd(j)úːs プロデュース]	他動	〜を生み出す　◎23 produce, 151 production
055	☐	electricity [ɪlèktrísəti イレクトリスィティー]	名U	電気　◎318 electric
056	☐	water supply	名U	水道(設備)
057	☐	situation [sìtʃuéɪʃən スィチュエイション]	名C	状況　◎216 situation
058	☐	own [óʊn オウン]	形	自分自身の

059	☐	gather [gǽðər ギャザー]	他動 ～を集める	
060	☐	throw away	成句 ～を捨てる	◎ 170 throw away
061	☐	bad spirit	名C 悪霊，悪魔	≫ evil spirit とも言う。
062	☐	mind [máɪnd マインド]	名CU 心，精神	
063	☐	even [íːvn イーヴン]	副 ～でさえ	
064	☐	on *one*'s side	成句 ～の味方で	
065	☐	A(,) such as B	成句 BなどのA，BといったA	◎ 188・302・384 such as ~
066	☐	garbage [gɑ́ːrbɪdʒ ガービッジ]	名U ゴミ，がらくた	
067	☐	car battery	名C 自動車用バッテリー	
068	☐	and so on	成句 ～など	
069	☐	continue to *do*(~)	成句 ～し続ける	

DAY 5

070	☐	light pollution	名U 光害	
071	☐	dirty [dɜ́ːrti ダーティー]	形 汚い，汚れている	
072	☐	affect [əfékt アフェクト]	他動 ～に(悪い)影響を与える	◎ 100・361 affect
073	☐	a series of ~	成句 一連の～	
074	☐	cause [kɔ́ːz コーズ]	他動 (問題を)引き起こす	
075	☐	artificial [ɑ̀ːrtɪfíʃl アーティフィシャル]	形 人工の	
076	☐	improper [ɪmprɑ́ːpər インプラーパー]	形 不適切な，誤った	◎ 278 proper
077	☐	serious [síəriəs スィ(ア)リアス]	形 重大な，深刻な	
078	☐	migrating bird	名C 渡り鳥	
079	☐	nocturnal [nɑːktɜ́ːrnl ナークターノウ]	形 夜行性の	
080	☐	bright [bráɪt ブライト]	形 (光があふれて)明るい	
081	☐	attract [ətrǽkt アトラークト]	他動 ～を引き寄せる	
082	☐	shine [ʃáɪn シャイン]	自動 輝く	
083	☐	sense of direction	成句 方向感覚	
084	☐	reduce [rɪd(j)úːs リデュース]	他動 ～を減らす	◎ 174・258 reduce
085	☐	actually [ǽktʃuəli アクチュアリー]	副 実際には	◎ 233 act, 4・238 actually
086	☐	waste [wéɪst ウェイスト]	名CU 無駄	◎ 175 waste
087	☐	natural environment	名CU 自然環境	◎ 362 environment
088	☐	save [séɪv セイヴ]	他動 (命を)救う	◎ 27 safety

DAY 6

089	☐	burst into laughter	成句	どっと笑う，大笑いする
090	☐	clap [klǽp クラーップ]	他動	(手を)叩く
091	☐	stomp [stɔ́ːmp ストーンプ]	他動	(足を)踏み鳴らす
092	☐	slap [slǽp スラーップ]	他動	～をぴしゃりと叩く
093	☐	loudly [láʊdli ラウドリー]	副	大きな音を立てて，騒々しく，派手に
094	☐	funny [fʌ́ni ファニー]	形	おかしい，滑稽な
095	☐	unnatural [ʌnnǽtʃərəl アンナーチュロウ]	形	不自然な ◎ 44 nature, 235 natural, 243 naturally
096	☐	unconsciously [ʌnkɑ́ːnʃəsli アンカーンシャスリー]	副	無意識に ◎ 217 unconsciously
097	☐	generally speaking	成句	一般的に言って，一般的な話をすれば
098	☐	release [rɪlíːs リリース]	他動	(ストレスなどを)解放する，発散する ◎ 358・385 release
099	☐	relieve [rɪlíːv リリーヴ]	他動	(ストレスなどを)軽減する
100	☐	affect [əfékt アフェクト]	他動	～に(悪い)影響を与える ◎ 72・361 affect
101	☐	stressful [strésfl ストレスフォウ]	形	ストレスの多い
102	☐	experience [ɪkspíəriəns イクスピ(ア)リエンス]	他動	～を経験する
103	☐	at the same time	成句	同時に
104	☐	cope with ~	成句	～を処理する，～に対処する
105	☐	method [méθəd メソッド]	名C	方法
106	☐	interestingly [íntərəstɪŋli インタレスティングリー]	副	[文修飾]興味深いことに
107	☐	considering [kənsídərɪŋ コンスィダリング]	接	～ということを考慮すると ◎ 168 reconsider
108	☐	living [lívɪŋ リヴィング]	形	生きている
109	☐	relative [rélətɪv レラティヴ]	名C	同類の動物・植物 ◎ 181 relation
110	☐	habit [hǽbɪt ハービット]	名CU	習慣，癖
111	☐	ape [éɪp エイプ]	名C	類人猿
112	☐	ancestor [ǽnsèstər アンセスター]	名C	祖先，先祖
113	☐	embarrassed [ɪmbǽrəst エムバーラスト]	形	恥ずかしい，気まずい，当惑した
114	☐	behavior [bɪhéɪvjər ビヘイヴァー]	名CU	振る舞い，行動，習性 ◎ 360 behavior
115	☐	be similar to ~	成句	～に似ている
116	☐	now that ~	成句	今こうして～という状態になって

DAY 6 語句

DAY 7

117	☐	planet [plǽnɪt プラーニット]	名C	惑星
118	☐	miss [mís ミス]	他動	〜を見逃す
119	☐	debris [dəbríː デブリー]	名U	(破壊された)破片，残骸，ゴミ
120	☐	neighborhood [néɪbərhʊd ネイバーフッド]	名C	近所
121	☐	be made up of 〜	成句	〜から成る
122	☐	satellite [sǽtəlaɪt サーテライト]	名C	人工衛星
123	☐	spacecraft [spéɪskræft スペイスクラーフト]	名C	宇宙船，宇宙探査機，宇宙機
124	☐	deal with 〜	成句	〜を処理する ◎176 deal with 〜
125	☐	therefore [ðéərfɔːr ゼアーフォーア]	副	したがって ◎246 therefore
126	☐	the amount of 〜	成句	〜の(総)量
127	☐	orbit [ɔ́ːrbət オービット]	名CU	軌道
128	☐	crash into 〜	成句	〜に衝突する
129	☐	furthermore [fəːrðərmɔːr ファーザーモーア]	副	さらに，その上，おまけに ◎381 furthermore
130	☐	impact [ímpækt インパークト]	名CU	衝撃 ◎369 impact
131	☐	discuss [dɪskʌ́s ディスカス]	他動	〜について論じる
132	☐	measure [méʒər メジャー]	名C	(measuresで)対策，手段 ◎275 measure
133	☐	remove [rɪmúːv リムーヴ]	他動	〜を取り除く ◎310 remove
134	☐	come up with 〜	成句	〜を思いつく ◎201 come up with 〜
135	☐	practical [prǽktɪkl プラークティコウ]	形	現実的な，実践的な ◎270 practice
136	☐	to make matters worse	成句	さらに悪いことに
137	☐	constantly [kɑ́ːnstəntli カーンスタントリー]	副	絶えず，繰り返し
138	☐	maintain [meɪntéɪn メ(イ)ンテイン]	他動	〜を維持する
139	☐	current [kə́ːrənt カーラント]	形	現在の
140	☐	estimate [éstəmèɪt エスティメイト]	他動	〜と見積もる，推定する ◎392 estimate
141	☐	unused [ʌnjúːst アニュースト] ※上記の発音は本問のように名詞の前で使われる場合に。補語として使われる場合は [ʌnjúːzd アニューズド] と発音する。	形	使われていない ≫「(今ではもう)使われていない」という意味と，「(まだ一度も)使われていない，未使用の」という意味がある。本問では前者の意味で。 ◎10 useful, 205 used to do(-)
142	☐	unrealistic [ʌ̀nriːəlístɪk アンリーアリスティック]	形	非現実的な ◎346 realize
143	☐	space development	名U	宇宙開発
144	☐	effective [ɪféktɪv イフェクティヴ]	形	効果的な ◎368 effect
145	☐	explore [ɪksplɔ́ːr イクスプローア]	他動	〜を探査・探検する

DAY 8

146	die of ~	成句 ~で死ぬ》die from -という場合もある。かつては，die ofは「病気などで死ぬ」，die fromは「怪我などで死ぬ」とされていたが，現在では区別なく用いられる。
147	hunger [hʌ́ŋgər ハンガー]	名U 飢え
148	developing country	名C 発展途上国 》developingは「現在発展している途中の」ということ。developedは「既に発展した」ということ。◎160 developed country
149	exist [ɪgzíst イグズィスト]	自動 存在する
150	shortfall [ʃɔ́ːrtfɔːl ショートフォーゥ]	名C 不足 》shortageと同義語。新聞などで好まれる語。
151	production [prədʌ́kʃən プロダクション]	名U 生産 ◎23・54 produce
152	not always ~	成句 いつも・必ずしも~とは限らない ◎196 not always ~
153	grain [gréɪn グレイン]	名U 穀物
154	feed [fíːd フィード]	他動 ~に食べ物を与える，~を食べさせる
155	starve [stáːrv スターヴ]	自動 飢える
156	distribution [dìstrɪbjúːʃən ディストリビューション]	名U 配分，分配，流通
157	in regard to ~	成句 ~に関しては
158	majority [mədʒɔ́(ː)rəti マジョ(ー)リティー]	名C 大多数
159	export [ɪkspɔ́ːrt イクスポート]	他動 ~を輸出する
160	developed country	名C 先進国 ◎148 developing country
161	consume [kəns(j)úːm コンスューム]	他動 ~を消費する ◎32 consume, 359 consumer, 363 consumption
162	in other words	成句 (他の言葉で表すと→) 言い換えると，すなわち ◎35 in other words
163	organization [ɔːrgənəzéɪʃən オーガニゼイション]	名C 組織 ◎332 organ
164	play a ~ role	成句 ~な役割を果たす 》play a ~ partという言い方もある。◎399 play a vital role in doing(-)
165	provide [prəváɪd プロヴァイド]	他動 ~を供給する ◎342 provide
166	food assistance	名U 食糧援助
167	aside from ~	成句 ~は別として，~以外にも 》「~に加えて」「~を除いて」という意味になる場合もある。主にアメリカ英語で使われ，イギリス英語ではapart fromを使うことが多い。
168	reconsider [rìːkənsídər リコンスィダー]	他動 ~を再考する，考え直す ◎107 considering ~
169	eating habit	名CU 食習慣，食生活

170	☐	throw away	成句	～を捨てる ◎60 throw away
171	☐	ton [tʌ́n タン]	名 C	(重量の単位の)トン
172	☐	edible [édəbl エディボウ]	形	食べられる
173	☐	extremely [ɪkstríːmli イクストリームリー]	副	極めて，非常に
174	☐	reduce [rɪd(j)úːs リデュース]	他動	～を減らす ◎84・258 reduce
175	☐	waste [wéɪst ウェイスト]	名 C U	無駄 ◎86 waste
176	☐	deal with ～	成句	(問題などに)対処する ◎124 deal with ～

DAY 9

177	☐	be good at *do*ing(~)	成句	～するのが得意・上手である
178	☐	tend to *do*(~)	成句	～する傾向がある，～しがちである
179	☐	come together	成句	集まる
180	☐	be likely to *do*(~)	成句	～する可能性が高い，～しそうである，たぶん～するだろう
181	☐	relation [rɪléɪʃən リレイション]	名 C U	関係 ◎109 relative
182	☐	generally [dʒénərəli ジェネラリー]	副	一般に
183	☐	be interested in ～	成句	～に興味がある
184	☐	complain [kəmpléɪn コムプレイン]	自動	不平・不満・文句を言う
185	☐	anger [ǽŋɡər アンガー]	名 U	怒り
186	☐	be the same for ～	成句	～についても同様である
187	☐	emotion [ɪmóʊʃən イモウション]	名 C U	感情
188	☐	A(,) such as B	成句	BなどのA，BといったA ◎65・302・384 such as ～
189	☐	joy [dʒɔ́ɪ ジョイ]	名 C U	喜び
190	☐	fear [fíər フィアー]	名 C U	恐怖
191	☐	want ～ to *do*(...)	成句	～に…してほしいと思う
192	☐	carefully [kéərfəli ケアーフリー]	副	注意深く ◎37 careful
193	☐	nod [nɑ́ːd ナード]	自動	頷く
194	☐	comment [kɑ́ːment カーメント]	自動	コメントする，意見を言う
195	☐	show [ʃóʊ ショウ]	他動	～を示す

196	☐	not always ~	成句 いつも・必ずしも~とは限らない ◎ 152 not always ~
197	☐	opinion [əpínjən オピニャン]	名C 意見
198	☐	don't have to do(~)	成句 ~する必要はない
199	☐	especially [ɪspéʃəli イスペシャリー]	副 特に

DAY 10

200	☐	cartoon [kɑːrtúːn カートゥーン]	名C マンガ,アニメ
201	☐	come up with ~	成句 ~を思いつく ◎ 134 come up with ~
202	☐	appear [əpíər アピアー]	自動 現れる
203	☐	content [kɑ́ːntent カーンテント]	名CU 内容,中身
204	☐	amusing [əmjúːzɪŋ アミューズィング]	形 愉快な
205	☐	used to do(~)	成句 かつては~よくした ≫「今はしないが,昔はよくした」という意味合いで使う。状態を表す動詞が続くと,「今は違うが,かつては~だった」という意味を表す。 ◎ 10 useful, 141 unused
206	☐	remember [rɪmémbər リメンバー]	他動 ~を思い出す
207	☐	solve [sɑ́ːlv ソーウヴ]	他動 ~を解決する
208	☐	problem [prɑ́ːbləm プラーブレム]	名C 問題
209	☐	some ~ others ...	成句 ~するものもいれば,...するものもいる ◎ 341 some ~ others ...
210	☐	raise [réɪz レイズ]	他動 ~を上げる ◎ 379 raise
211	☐	according to ~	成句 ~によると
212	☐	seem to do(~)	成句 ~するようだ,~すると思われる
213	☐	result from ~	成句 ~の結果生じる,~に起因する
214	☐	avoid [əvɔ́ɪd アヴォイド]	他動 ~を避ける
215	☐	concentrate [kɑ́ːnsəntrèɪt カーンセントレイト]	自動 集中する
216	☐	situation [sìtʃuéɪʃən スィチュエイション]	名C 状況 ◎ 57 situation
217	☐	unconsciously [ʌnkɑ́ːnʃəsli アンカーンシャスリー]	副 無意識に ◎ 96 unconsciously
218	☐	as a result	成句 その結果 ◎ 43 as a result
219	☐	learn to do(~)	成句 ~するようになる ◎ 232 learn to do(~)
220	☐	theory [θíːəri スィーアリー]	名C (学)説
221	☐	stimulate [stímjəlèɪt スティミュレイト]	他動 ~を刺激する

222	☐	improve [ɪmprúːv インプルーヴ]	他動 ～を改善する	◎ 45 improve
223	☐	efficiently [ɪfíʃəntli イフィシャントリー]	副 効率的に	◎ 312・377 efficient
224	☐	call up	成句 (記憶を)呼び起こす	

DAY 11

225	☐	notice [nóʊtəs ノウティス]	他動 ～に気づく	
226	☐	for example	成句 例えば	
227	☐	on the other hand	成句 一方	
228	☐	mean [míːn ミーン]	他動 ～を意味する	
229	☐	simply [símpli スィムプリー]	副 単に	
230	☐	style [stáɪl スタイゥ]	名C 仕方, やり方	
231	☐	influence [ínfluəns インフゥエンス]	他動 ～に影響を及ぼす	
232	☐	learn to *do*(~)	成句 ～するようになる	◎ 219 learn to *do*(~)
233	☐	act [ǽkt アクト]	自動 行動する	◎ 4・85・238 actually
234	☐	in the wild	成句 野生の中で	
235	☐	natural [nǽtʃərəl ナーチュロウ]	形 自然な	◎ 44 nature, 243 naturally, 95 unnatural
236	☐	indeed [ɪndíːd インディード]	副 確かに	
237	☐	after all	成句 何しろ～なのだから	
238	☐	actually [ǽktʃuəli アクチュアリー]	副 実は, 現に	◎ 233 act, 4・85 actually
239	☐	have to do with ~	成句 ～と関係・関連がある	
240	☐	fact [fǽkt ファークト]	名C 事実	» the fact that -「～という事実」
241	☐	male [méɪl メイウ]	名C オス ⇔female「メス」	
242	☐	please [plíːz プリーズ]	他動 ～を喜ばせる, 満足させる	
243	☐	naturally [nǽtʃərəli ナーチュラリー]	副 自然に	◎ 44 nature, 235 natural, 95 unnatural
244	☐	see ~ as ...	成句 ～を…と見なす	
245	☐	equal [íːkwəl イークウォウ]	名C 同等の存在, 対等な存在	
246	☐	therefore [ðéərfɔːr ゼアーフォーア]	副 したがって	◎ 125 therefore
247	☐	in conclusion	成句 結論として, 要するに	
248	☐	reason [ríːzn リーズン]	名C 理由	◎ 26 reason

DAY 12

249	☐	derive [dɪráɪv ディライヴ]	他動 ～を引き出す, 得る » be derived from -「～から得られる, ～に由来する」。de-「～から」+ rive「水源」(*cf.* river)→「～から水を引く」→(derive **A** from **B**で)「**B**から**A**を引き出す, 得る」

250	fulfill [fʊ(l)fíl フ(ゥ)フィゥ]	他動 (希望を)実現させる，(要求を)満たす
251	priority [praɪɔ́(:)rəti プライオ(ー)リティー]	名C 優先事項
252	decision maker	名C 意思決定者　cf. make a decision「判断する」
253	analyze [ǽnəlàɪz アナライズ]	他動 ～を分析する
254	in detail	成句 詳細に
255	lead to ~	成句 ～に至る，つながる
256	predict [prɪdíkt プリディクト]	他動 ～を予言する　》pre-「前もって」+dict「言う」
257	enable ~ to do(...)	成句 ～が…するのを可能にする
258	reduce [rɪd(j)ú:s リデュース]	他動 ～を減らす　⊙84・174 reduce
259	wealthy [wélθi ウェゥスィー]	形 裕福な，資金のある
260	spend [spénd スペンド]	他動 (お金を)使う　》spend+金額+on ~「金額を～に使う」
261	grasp [grǽsp グラースプ]	他動 ～を理解する，把握する　》第一義は「つかむ」。比喩的に「意味をつかむ」→「理解する」。
262	desire [dɪzáɪər ディザイアー]	名U 願望
263	economical [èkəná:mɪkl エコナーミコウ]	形 経済的な，安価な　⊙309 economical
264	utilize [jú:təlàɪz ユーティライズ]	他動 ～を利用する
265	circumstance [sə́:rkəmstæns サーカムスターンス]	名C 状況
266	as follows	成句 次の通りで
267	informal [ɪnfɔ́:rml インフォーモウ]	形 形式ばらない，略式の　》informal research「略式調査」。⇔formal「形式的な，正式の」
268	conduct [kəndʌ́kt コンダクト]	他動 (調査などを)実施する
269	A as well as B	成句 BだけでなくAも　⊙398 not just A but also B
270	practice [prǽktɪs プラークティス]	名U 実施　⊙135 practical
271	preference [préfərəns プレファランス]	名CU 好み
272	revise [rɪváɪz リヴァイズ]	他動 ～を変える，見直す
273	statistical [stətístɪkl スタティスティコウ]	形 統計の　cf. statistics「統計(学)」
274	survey [sə́:rveɪ サーヴェイ]	名C 調査
275	measure [méʒər メジャー]	名C 基準　⊙132 measure
276	attitude [ǽtət(j)ù:d アティテュード]	名C 意見，判断，態度　》one's attitude toward ~「～に対する意見」
277	specialize in ~	成句 ～を専門にする
278	proper [prá:pər プラーパー]	形 適切な　⇔76 improper
279	response [rɪspá:ns リスパーンス]	名C 反応

280	☐	essential [ɪsénʃl イセンショウ]	形 極めて重要な
281	☐	attempt to *do*(~)	成句 ～しようと試みる
282	☐	evaluate [ɪvæljuèɪt イヴァリュエイト]	他動 ～を評価する　*cf.* value「価値，評価」
283	☐	region [ríːdʒən リージョン]	名C 地域
284	☐	official [əfíʃl オフィショウ]	形 正式な，公式の
285	☐	promotion [prəmóʊʃən プロモウション]	名CU 販売促進　» sales promotion「販売宣伝」
286	☐	obtain [əbtéɪn オブテイン]	他動 ～を得る
287	☐	firm [fɚ́ːrm ファーム]	名C 会社
288	☐	alternative [ɔːltɚ́ːrnətɪv オーウターナティヴ]	形 代わりの
289	☐	strategy [strǽtədʒi ストラーテジー]	名C 戦略
290	☐	tactic [tǽktɪk タークティック]	名C (tacticsで) 戦術　» strategyに基づいて短期目標を達成する学問や技術。
291	☐	aspect [ǽspekt アースペクト]	名C 側面
292	☐	purchase [pɚ́ːrtʃəs パーチャス]	他動 ～を購入する
293	☐	involve [ɪnvɑ́ːlv インヴァーウヴ]	他動 ～を含む
294	☐	psychological [sàɪkəlɑ́ːdʒɪkl サイコラージコウ]	形 心理的な
295	☐	motive [móʊtɪv モウティヴ]	名C 動機

DAY 13

296	☐	probably [prɑ́ːbəbli プラーバブリー]	副 たぶん
297	☐	recently [ríːsntli リースントリー]	副 最近
298	☐	technology [teknɑ́ːlədʒi テクナーラジー]	名CU 科学技術　» high technology「高度先端技術，ハイテク」　Ⓢ 356 technology
299	☐	element [éləmənt エレメント]	名C 元素
300	☐	amount [əmáʊnt アマウント]	名C 量　» in large amounts「大量に」 ≒in large quantities
301	☐	like [láɪk ライク]	前 ～のような，ように
302	☐	A(,) such as B	成句 BなどのA，BといったA　Ⓢ 65・188・384 such as ~
303	☐	discover [dɪskʌ́vər ディスカヴァー]	他動 ～を発見する
304	☐	bottom [bɑ́ːtəm バートム]	名C 底
305	☐	mine [máɪn マイン]	他動 ～を採掘する　Ⓢ 407 mineral
306	☐	develop [dɪvéləp ディヴェロップ]	他動 ～を開発する　Ⓢ 1 develop
307	☐	expensive [ɪkspénsɪv イクスペンスィヴ]	形 高価な

308	☐	quantity [kwá:ntəti クワーンティティー]	名 C U 量　》quantityはquality「質」に対する「量」を意味する。amountは「数」に対する「量」を意味する。
309	☐	economical [èkəná:mɪkl エコナーミコウ]	形　経済的な，安価な　◎ 263 economical
310	☐	remove [rɪmú:v リムーヴ]	他動　〜を取り除く　◎ 133 remove
311	☐	separate [sépərèɪt セパレイト]	他動　〜を分離する　◎ 313 separation
312	☐	efficient [ɪfíʃənt イフィシャント]	形　効率の良い　◎ 377 efficient，223 efficiently
313	☐	separation [sèpəréɪʃən セパレイション]	名 U 分離　◎ 311 separate
314	☐	past [pæst パースト]	形　過ぎたばかりの，最近の　》in the past decade「この10年の間に」
315	☐	decade [dékeɪd デケイド]	名 C 10年間
316	☐	example [ɪgzǽmpl イグザームポゥ]	名 C 例
317	☐	hybrid [háɪbrɪd ハイブリッド]	形　混成の　》a hybrid car「ハイブリッド車」
318	☐	electric [ɪléktrɪk イレクトリック]	形　電気の　》an electric car「電気自動車」　◎ 55 electricity
319	☐	cell [sél セゥ]	名 C 電池　》a solar cell「太陽電池」
320	☐	advance [ədvǽns アドヴァーンス]	名 C U 発達，進歩　》advances in ~「〜の進歩」
321	☐	possible [pá:səbl パースィボウ]	形　可能な　⇔impossible「不可能な」
322	☐	recover [rɪkʌ́vər リカヴァー]	他動　〜を回収する
323	☐	pile [páɪl パイゥ]	名 C 堆積，（積み上がった）山　》a pile of ~「〜の山」

DAY 14

324	☐	weigh [wéɪ ウェイ]	他動　〜の重さがある　》weight「重さ」の動詞形。
325	☐	yet [jét イェット]	接　しかし
326	☐	steel [stí:l スティーゥ]	名 U 鋼鉄
327	☐	among [əmʌ́ŋ アマング]	前　〜の中の一つで　》among the＋最上級(-)「最も〜な中の一つ・一人で」
328	☐	material [mətíəriəl マティ(ア)リオゥ]	名 C 素材
329	☐	stretch [strétʃ ストレッチ]	自動　伸縮する
330	☐	shape [ʃéɪp シェイプ]	名 C 形
331	☐	amazing [əméɪzɪŋ アメイズィング]	形　驚くほどすばらしい　》amaze「驚嘆させる」の現在分詞から派生した形容詞。
332	☐	organ [ɔ́:rgn オーガン]	名 C 器官　◎ 163 organization
333	☐	liquid [líkwɪd リクウィッド]	名 C U 液体　》cf. gas「気体」，solid「固体」　◎ 338 solid
334	☐	tiny [táɪni タイニー]	形　ごく小さい

335	☐	thread [θréd スレッド]		名C 糸	
336	☐	combine [kəmbáin コムバイン]		自動 結合する	» combine to do (-)「結合して〜する」
337	☐	form [fɔ́:rm フォーム]		他動 〜を形作る	
338	☐	solid [sɑ́:ləd サーリッド]		形 頑丈な，固体の	ⓒ 333 liquid
339	☐	sticky [stíki スティッキー]		形 べとべとする	
340	☐	purpose [pə́:rpəs パーパス]		名C 目的	
341	☐	some ~ others ...		成句 〜するものもあれば，…するものもある some ~ others ...	ⓒ 209
342	☐	provide [prəváid プロヴァイド]		他動 〜を供給する	ⓒ 165 provide
343	☐	common [kɑ́:mən カーモン]		形 一般的な	ⓒ 388 common
344	☐	prey [préi プレイ]		名U 獲物	
345	☐	insect [ínsekt インセクト]		名C 昆虫	ⓒ 39 insect
346	☐	realize [rí:əlàiz リーアライズ]		他動 〜を認識する，気づく	ⓒ 142 unrealistic
347	☐	stuck [stʌ́k スタック]		形 動かない，動けない » become stuck「動けなくなる」。stuckはstick「固定する」の過去分詞から派生した形容詞。	
348	☐	trap [trǽp トラップ]		名C わな	
349	☐	confuse [kənfjú:z コンフューズ]		他動 〜を困惑させる，混乱させる	
350	☐	movement [mú:vmənt ムーヴメント]		名CU 動き » move「動く」の名詞形。	ⓒ 34 movement
351	☐	engineer [èndʒəníər エンジニアー]		名C 技術者	
352	☐	flexible [fléksəbl フレクスィボウ]		形 しなやかな，自由に曲がる	
353	☐	for the moment		成句 当分の間	
354	☐	despite [dispáit ディスパイト]		前 〜にもかかわらず ≒ in spite of ~	
355	☐	science [sáiəns サイエンス]		名U (学問としての)科学	
356	☐	technology [tekná:lədʒi テクナーラジー]		名CU 科学技術	ⓒ 298 technology

DAY 15

357	☐	researcher [risə́:rtʃər リーサーチャー]		名C 研究者	
358	☐	release [rilí:s リリース]		他動 〜を公開・公表する	ⓒ 98・385 release
359	☐	consumer [kəns(j)ú:mər コンスューマー]		名C 消費者	ⓒ 32・161 consume, 363 consumption
360	☐	behavior [bihéivjər ビヘイヴャー]		名CU 行動	ⓒ 114 behavior
361	☐	affect [əfékt アフェクト]		他動 〜に(悪い)影響を与える	ⓒ 72・100 affect
362	☐	environment [enváiərnmənt エンヴァイアーンメント]		名CU 環境	ⓒ 87 natural environment
363	☐	consumption [kənsʌ́mpʃən コンサムプション]		名U 消費	ⓒ 32・161 consume, 359 consumer

364	☐	damage [dæmɪdʒ ダーミッジ]	他動 〜に害を与える	
365	☐	second only to 〜	成句 〜に次いで2番目	
366	☐	vehicle [víːəkl ヴィーアコゥ]	名C 乗物　≫ motor vehicles「自動車類」	
367	☐	negative [négətɪv ネガティヴ]	形 否定的な, 害のある	
368	☐	effect [ɪfékt イフェクト]	名CU 影響　144 effective	
369	☐	impact [ímpækt インパークト]	名CU 衝撃　130 impact	
370	☐	gallon [gǽlən ギャーロン]	名C ガロン　≫ 1ガロン≒3.8リットル(米国), 4.5リットル(英国)	
371	☐	pound [páʊnd パウンド]	名C ポンド　≫ 1ポンド≒454グラム	
372	☐	whereas [weəræz ウェアラーズ]	接 〜であるのに対して	
373	☐	wheat [wíːt ウィート]	名U 小麦	
374	☐	crop [krɑ́ːp クラープ]	名C 農作物	
375	☐	instead of 〜	成句 〜の代わりに　38 instead of 〜	
376	☐	make use of 〜	成句 〜を利用・使用する	
377	☐	efficient [ɪfíʃənt イフィシャント]	形 効率の良い　312 efficient, 223 efficiently	
378	☐	acre [éɪkər エイカー]	名C エーカー　≫ 1エーカー≒4027平方メートル	
379	☐	raise [réɪz レイズ]	他動 〜を育てる　210 raise	
380	☐	livestock [láɪvstɑ̀ːk ライヴスタ̀ーック]	名U 家畜	
381	☐	furthermore [fə́ːrðərmɔ̀ːr ファ̀ーザ̀ーモ̀ーア]	副 さらに, その上, おまけに　129 furthermore	
382	☐	add to 〜	成句 〜を増やす	
383	☐	global warming	名U 地球温暖化	
384	☐	A(,) such as B	成句 BなどのA, BといったA　65・188・302 such as 〜	
385	☐	release [rɪlíːs リリース]	他動 (気体などを)放出する　98・358 release	
386	☐	expel [ɪkspél イクスペゥ]	他動 (気体などを)排出する	
387	☐	up to 〜	成句 最大〜までの	
388	☐	common [kɑ́ːmən カーモン]	形 一般的な　343 common	
389	☐	greenhouse gas	名CU 温室効果ガス	
390	☐	carbon dioxide	名U 二酸化炭素　≫ carbon「炭素」, dioxide「二酸化物」(di-「2」+ oxide「酸化物」)	
391	☐	be responsible for 〜	成句 〜の原因である	
392	☐	estimate [éstəmèɪt エスティメイト]	他動 〜と見積もる, 推定する　140 estimate	
393	☐	atmosphere [ǽtməsfìər アトモスフィアー]	名C (the atmosphereで)(地球をとりまく)大気	
394	☐	be aware of 〜	成句 〜に気づいている	

#		語句	意味
395	☐	benefit [bénəfɪt ベネフィット]	名CU 恩恵
396	☐	switch [swítʃ スウィッチ]	自動 変更する　» switch to ~「~に変更する，切り換える」
397	☐	vegetarian diet	名CU 菜食
398	☐	not just **A** but also **B**	成句 **A**だけでなく**B**も　» justの代わりにonlyでも同意。 ◎ 269 **A** as well as **B**
399	☐	play a vital role in *do*ing(~)	成句 ~する上で非常に重要な役割を果たす　» vital「非常に重要な」(「命にかかわる」が原義)　◎ 164 play a ~ role
400	☐	go further	成句 さらに踏み込む　» furtherはfarの比較級。
401	☐	vegan diet	名CU 完全菜食の食事
402	☐	exclude [ɪksklúːd イクスクルード]	他動 ~を排除する　⇔include「~を含有する」
403	☐	source [sɔ́ːrs ソース]	名C (物事の)源
404	☐	nutritionist [n(j)uːtríʃənɪnt ニュートリショニスト]	名C 栄養士　» nutrition「栄養(物)」
405	☐	deficient [dɪfíʃənt ディフィシャント]	形 不足した　≒lacking　*cf.* sufficient「十分な」⇔insufficient「不十分な」
406	☐	vitamin [váɪtəmɪn ヴァイタミン]	名C ビタミン
407	☐	mineral [mínərəl ミネロウ]	名C (栄養素としての)ミネラル　◎ 305 mine
408	☐	daily [déɪli デイリー]	副 毎日　*cf.* weekly「毎週」, monthly「毎月」, yearly「毎年」
409	☐	be concerned about ~	成句 ~に関心がある；~を気にかけている

DAY 15 語句

音読チェック欄

	ゆっくりていねいに →				すこしはやめに →			CDのはやさで →		
NO.	1	2	3	4	5	6	7	8	9	10
DAY 1	/	/	/	/	/	/	/	/	/	/
2	/	/	/	/	/	/	/	/	/	/
3	/	/	/	/	/	/	/	/	/	/
4	/	/	/	/	/	/	/	/	/	/
5	/	/	/	/	/	/	/	/	/	/
6	/	/	/	/	/	/	/	/	/	/
7	/	/	/	/	/	/	/	/	/	/
8	/	/	/	/	/	/	/	/	/	/
9	/	/	/	/	/	/	/	/	/	/
10	/	/	/	/	/	/	/	/	/	/
11	/	/	/	/	/	/	/	/	/	/
12	/	/	/	/	/	/	/	/	/	/
13	/	/	/	/	/	/	/	/	/	/
14	/	/	/	/	/	/	/	/	/	/
15	/	/	/	/	/	/	/	/	/	/